中等职业教育
改革创新
系列教材

直播销售实务

慕课版

F I N A N C E   A N D   T R A D E

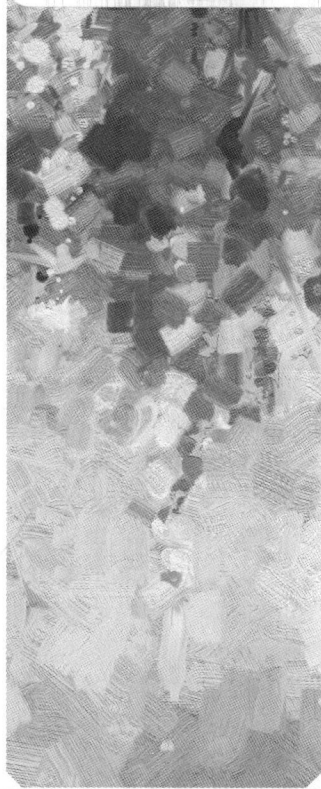

陶俪蓓 王晓宇
李文川

主编

侯黎黎 贾岚

副主编

人民邮电出版社

北 京

图书在版编目（CIP）数据

直播销售实务 ：慕课版 / 陶俪蓓，王晓宇，李文川
主编. —— 北京 ：人民邮电出版社，2023.3
中等职业教育改革创新系列教材
ISBN 978-7-115-60599-3

Ⅰ．①直… Ⅱ．①陶… ②王… ③李… Ⅲ．①网络营
销—中等专业学校—教材 Ⅳ．①F713.365.2

中国国家版本馆CIP数据核字(2023)第032129号

内 容 提 要

　　本书依据国务院印发的《国家职业教育改革实施方案》的要求，针对中等职业学校学生的培养目标，系统地介绍了直播销售的相关知识，内容包括认识直播销售、提升主播素养、选择直播商品、做好直播准备、开展直播、直播复盘。本书知识全面、结构清晰、实用性强，在讲解知识的同时结合实际操作，符合中等职业学校学生的学习习惯，可以充分满足其学习需求。

　　本书可以作为中等职业学校电子商务、市场营销等专业的教材，也可以作为直播新手或直播领域创业者的参考书。

◆ 主　　编　陶俪蓓　王晓宇　李文川

　　副 主 编　侯黎黎　贾 岚

　　责任编辑　侯潇雨

　　责任印制　王 郁　彭志环

◆ 人民邮电出版社出版发行　　　　北京市丰台区成寿寺路 11 号
　　邮编　100164　　电子邮件　315@ptpress.com.cn
　　网址　https://www.ptpress.com.cn
　　固安县铭成印刷有限公司印刷

◆ 开本：787×1092　1/16
　　印张：11.5　　　　　　　　　　　2023 年 3 月第 1 版
　　字数：200 千字　　　　　　　　　2023 年 3 月河北第 1 次印刷

定价：42.00 元

读者服务热线：(010)81055256　印装质量热线：(010)81055316
反盗版热线：(010)81055315
广告经营许可证：京东市监广登字 20170147 号

FOREWORD

////////////////////// 前 言 //////////////////////

党的二十大报告指出，教育、科技、人才是全面建设社会主义现代化国家的基础性、战略性支撑。职业教育是国民教育体系和人力资源开发的重要组成部分，肩负着培养多样化人才、传承技术技能、促进就业创业的重要职责。随着我国市场经济的迅速发展，国家对技能型人才的需求量越来越大，推动着中等职业教育进一步改革。

为培养电子商务专业人才，我们从学生未来可能从事的职业——直播销售员出发，结合职业能力和岗位素养要求特地编写了本书。本书采用项目任务式结构，从直播前、直播中、直播后3个维度介绍了直播销售的相关知识与技能。

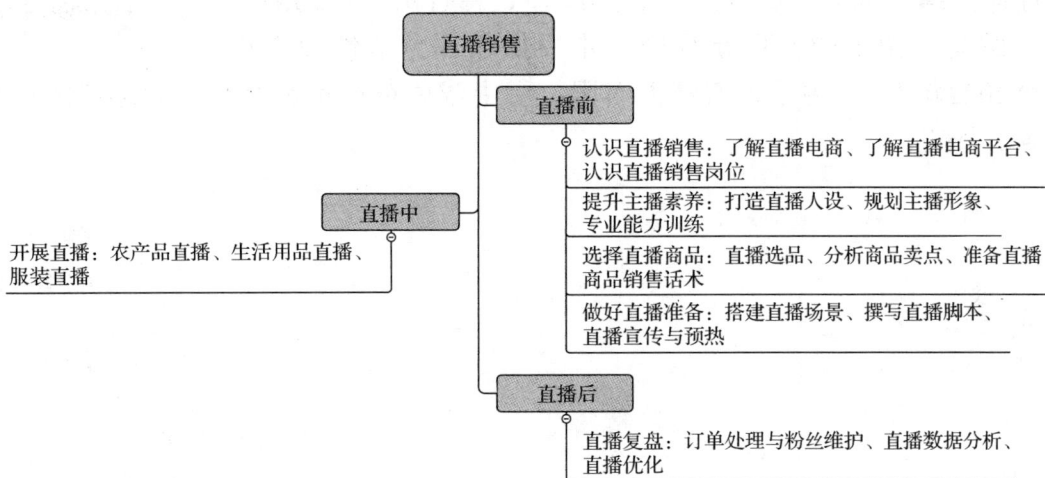

```
直播销售
  │
  ├─ 直播前
  │    ├─ 认识直播销售：了解直播电商、了解直播电商平台、
  │    │   认识直播销售岗位
  │    ├─ 提升主播素养：打造直播人设、规划主播形象、
  │    │   专业能力训练
  │    ├─ 选择直播商品：直播选品、分析商品卖点、准备直播
  │    │   商品销售话术
  │    └─ 做好直播准备：搭建直播场景、撰写直播脚本、
  │        直播宣传与预热
  │
  ├─ 直播中
  │    └─ 开展直播：农产品直播、生活用品直播、
  │        服装直播
  │
  └─ 直播后
       └─ 直播复盘：订单处理与粉丝维护、直播数据分析、
           直播优化
```

本书具有以下特点。

1. 情境导入

本书以新员工刚进入公司的各种情境引出各项目教学主题，并将情境贯穿项目实施的过程，旨在让学生了解相关知识点在实际工作中的应用情况。本书设置的情境角色如下。

公司：北京特讯商务运营有限公司（以下简称"特讯运营"）成立于2021年，是一家开展商务咨询、网店代运营、新媒体营销与运营等业务的企业，能够为中小企业提供一站式的信息咨询与运营管理服务；根据业务的不同，公司划分了市场部、企划部、营销部、运营部等部门。

人物：小艾，运营部员工；李洪亮，运营部经理，人称"老李"，小艾的直属上司及职场引路人。

2. 板块丰富

本书在板块设计上注重培养学生的思考能力和动手能力，努力做到"学思用贯通"与"知信行统一"。书中穿插的板块如下。

- **知识窗**。补充理论知识，丰富知识体系。
- **经验之谈**。总结经验、补充要点，以提升学生的综合应用能力。
- **动手做**。实战操作小练习，强调学以致用。
- **素养小课堂**。与素养目标相呼应，以提升学生的个人素养。

3. 资源丰富

扫描右侧二维码可观看慕课视频。本书提供PPT、课程标准、电子教案、题库等教学资源，教师可通过人邮教育社区（www.ryjiaoyu.com）免费下载。

扫码看视频

本书由陶俪蓓、王晓宇、李文川任主编，侯黎黎、贾岚任副主编。郜兴启、李娅岚、周丽琴、韩杏雨、杨鹏龄参与了编写。由于软件更新频繁，本书操作部分软件版本更新至2022年8月。由于编者能力有限，书中难免存在不足之处，欢迎广大读者批评、指正。

编　者

2023年1月

CONTENTS

目　录

项目一

认识直播销售

情境创设

　　近年来，直播销售作为新兴业态，在各大电商平台的推动下，呈现良好的发展态势。

　　小艾是某学校电子商务专业的应届毕业生，她热情活泼、语言表达能力强，并且对直播非常感兴趣。毕业后，小艾顺利入职特讯运营并从事直播销售工作。为了让小艾更快适应岗位，特讯运营安排运营部经理老李带领她工作。

学习目标

知识目标
1. 了解直播电商的含义、模式和发展趋势。
2. 熟悉常用的直播电商平台。
3. 掌握直播销售员的等级划分、岗位职责和任职要求。

技能目标
1. 能够分辨各直播电商平台的特点。
2. 能够根据直播销售岗位的要求明确自我提升的方向。

素养目标
1. 增强遵守法律法规及直播电商平台规则的意识。
2. 培养积极主动学习的态度。

任务一 了解直播电商

任务描述

　　小艾进入公司并熟悉基本制度后，老李便让她收集整理出直播电商的基础知识。小艾在学校已学习过与直播相关的课程，对此十分不解。老李告诉她，直播电商行业瞬息万变，只有时刻关注直播电商的含义、模式和发展趋势才能跟上步伐、不被淘汰。

任务实施

活动一　直播电商的含义

　　要弄清楚直播电商，不仅要了解直播电商的具体概念，还要了解其与传统电商的联系和区别。

第一步　了解直播电商的概念

　　直播自出现至今，在不同的阶段呈现出不同的特点。2005年，我国第一个视频直播平台——"9158"网站成立，视频直播出现，我国的直播行业进入快速发展阶段。在这个阶段，各类直播平台开始出现，直播的内容通常为唱歌、跳舞等泛娱乐类内容，因此这一阶段的直播被称为秀场直播。

花椒直播、映客直播等移动直播App进入直播市场，推动直播向全民化发展，移动端直播迎来大爆发。

2016—2018年，淘宝、蘑菇街、京东、唯品会、抖音、快手等平台上线直播功能，布局了直播电商，开启了直播带货模式。

2019年开始，直播电商迎来爆发期，行业规模呈爆发式增长，直播带货全面进入大众视野，直播购物逐渐流行。在这一时期，大量个人和企业意识到直播带货的巨大商机，纷纷加入直播带货的行列，采用多种方式开展直播带货，取得了亮眼的销售成绩。

由直播行业的发展可见，直播电商实际上属于网络直播的一个分支。直播电商是在淘宝、京东、唯品会等平台相继推出直播业务后兴起的一种新型电商，主要是主播（店长、模特或达人等）在直播间借助直播平台，将商品展示给用户，并为用户答疑解惑，提供实时的导购服务，从而增进与用户的互动，激发用户的购买欲。

第二步　了解直播电商与传统电商的联系和区别

直播电商为电商行业注入了新的活力，与传统电商相比，直播电商提供实时、多形式的商品展示，为用户带来了更丰富、更直接、更及时的购物体验。但是直播电商仍然离不开传统电商中的"人""货""场"3要素。图1-1所示为传统电商与直播电商在"人""货""场"3要素上的联系和区别。

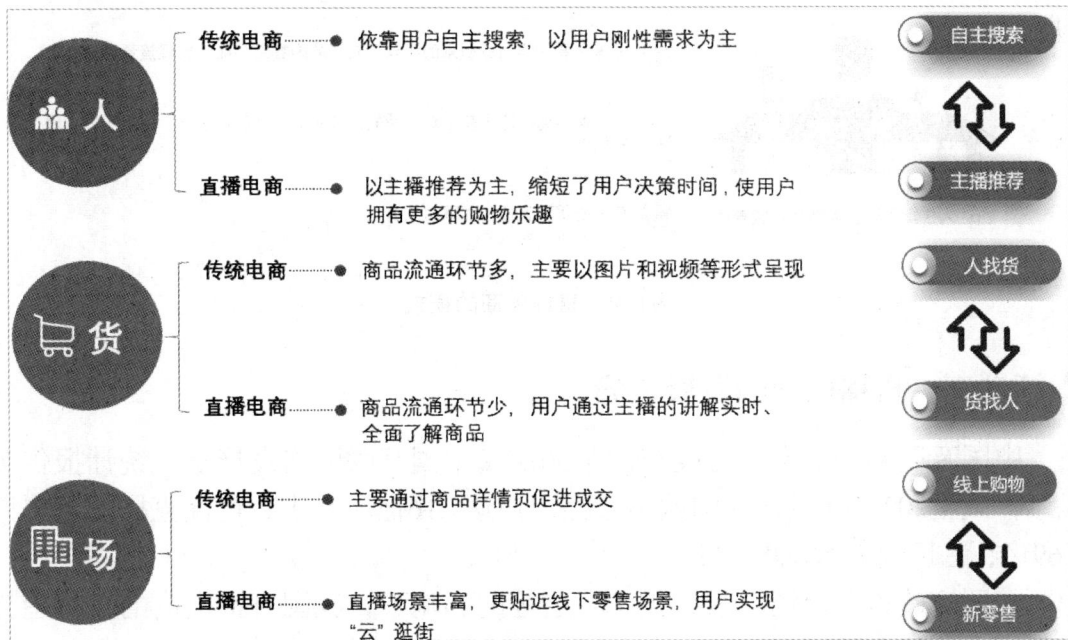

图1-1　传统电商与直播电商在"人""货""场"3要素上的联系和区别

👤 活动二　直播电商的模式

直播电商根据主播主体的不同，可以分为商家自播和达人直播两种模式，具体如图1-2所示。

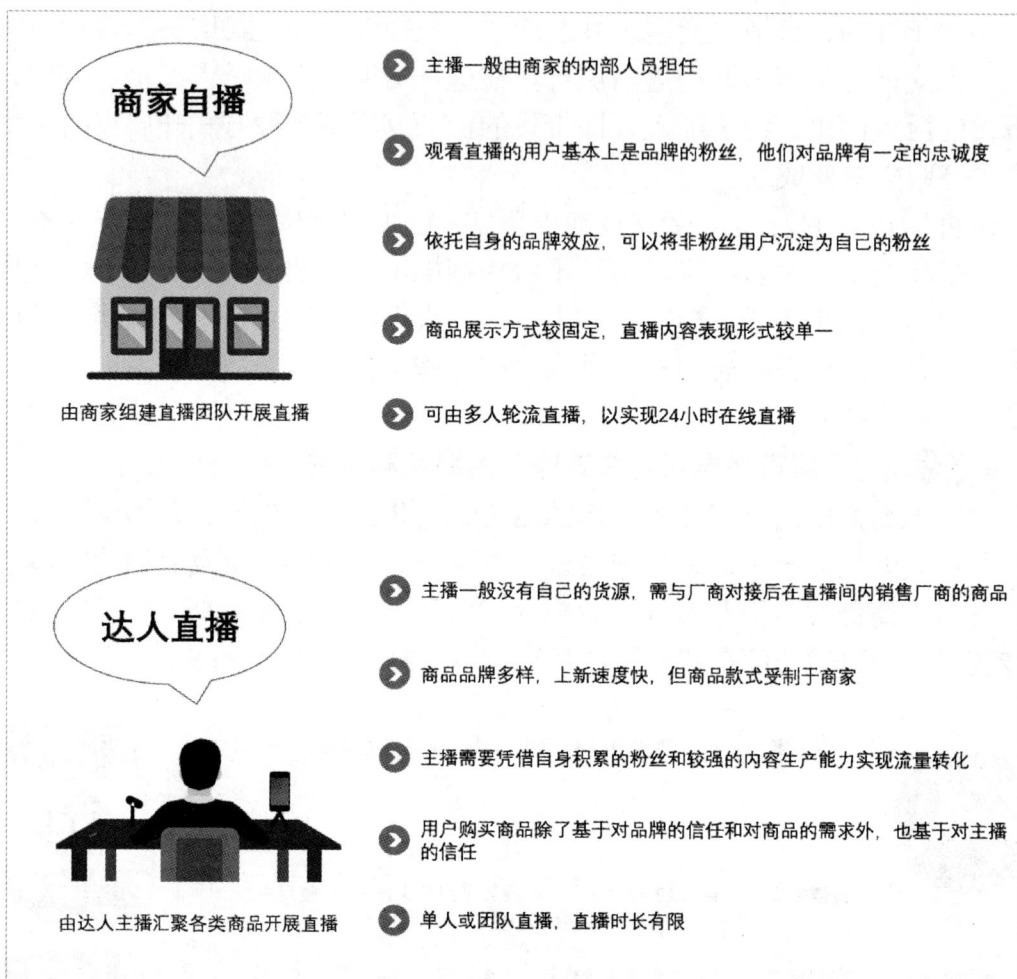

图1-2　直播电商的模式

👤 活动三　直播电商的发展趋势

中国互联网络信息中心发布的第50次《中国互联网络发展状况统计报告》显示，截至2022年6月，我国网络直播用户达7.16亿，其中，电商直播的用户为4.69亿，占网民总数的44.6%。

在国家政策、市场需求、技术发展等的影响下，我国直播电商的发展趋势主要集中体现在图1-3所示的3个方面。

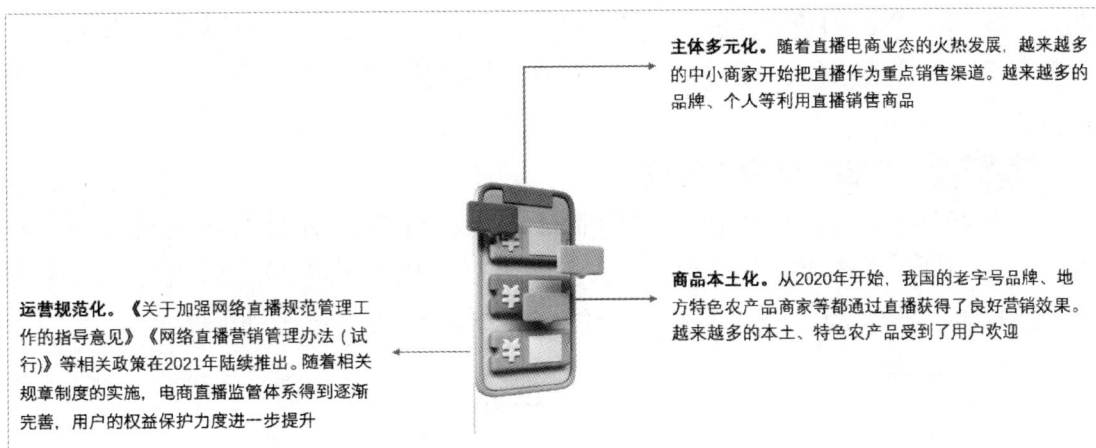

主体多元化。随着直播电商业态的火热发展，越来越多的中小商家开始把直播作为重点销售渠道。越来越多的品牌、个人等利用直播销售商品

商品本土化。从2020年开始，我国的老字号品牌、地方特色农产品商家等都通过直播获得了良好营销效果。越来越多的本土、特色农产品受到了用户欢迎

运营规范化。《关于加强网络直播规范管理工作的指导意见》《网络直播营销管理办法（试行）》等相关政策在2021年陆续推出。随着相关规章制度的实施，电商直播监管体系得到逐渐完善，用户的权益保护力度进一步提升

图1-3　直播电商的发展趋势

📝**素养小课堂**

　　近年来，为促进直播电商规范、健康发展，我国出台了许多与互联网直播相关的法规。无论是达人主播还是商家，要想在直播电商行业长久发展，都应当遵守法律法规、平台规则等，保障直播商品质量、规范直播宣传行为，依法履行消费者权益保障义务。

任务二　了解直播电商平台

任务描述

　　老李仔细阅读了小艾整理的直播电商资料后，又让小艾多了解当前热门的直播电商平台，如抖音、快手、点淘、京东直播等。同时，老李还嘱咐小艾，直播电商平台是直播销售中重要的组成部分，是直播内容的输入和输出渠道，除了了解直播电商平台的特点、用户等外，还需要着重了解平台规则，避免违规。

任务实施

活动一　抖音

　　抖音是北京字节跳动网络技术有限公司推出的一款创意短视频软件，具有用户数量大、功能丰富、推送精准等特点。2017年12月，抖音的直播功能正式

推出。发展至今，抖音的直播内容呈现出娱乐化、多样化和商业化的特点。对于主播而言，要想深入了解抖音，不仅要了解其用户画像、用户偏好等，还要了解其平台规则。

[第一步] **了解抖音用户画像**

截至2020年8月，包含抖音火山版在内，抖音的日活跃用户数量已经突破6亿。图1-4所示为抖音用户画像。从图中可以看出，从年龄上看占比较大的为19～35岁的用户，新一线、二线、三线、四线城市的用户占比较大。

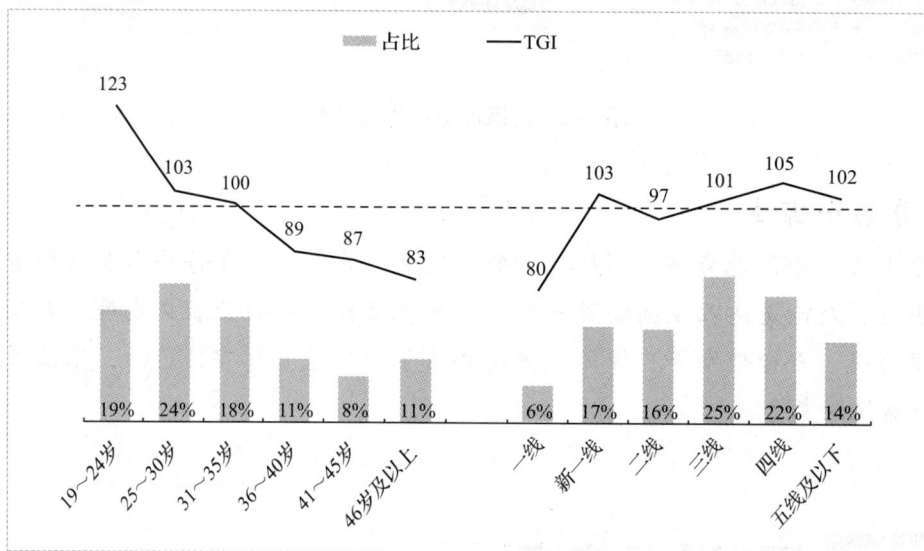

图1-4 抖音用户画像

📋 **经验之谈**

用户画像是根据用户的属性、偏好、行为等信息抽象出来的标签化用户模型。通俗地说，用户画像就是给用户打标签，而标签是通过分析用户信息而得出的高度精练的特征标志。TGI是目标群体指数（Target Group Index），是反映目标群体在特定研究范围（如地理范围、人口统计领域）内的强势或弱势的指数。

[第二步] **了解抖音用户偏好**

了解抖音用户偏好，有利于判断用户需求，把握用户购买行为，图1-5所示为抖音不同性别用户的兴趣偏好。从图中可以看出，男性用户对军事、游戏、汽车、电子产品等类别的内容比较感兴趣；女性用户对美妆、母婴、穿搭等类别的内容比较感兴趣。

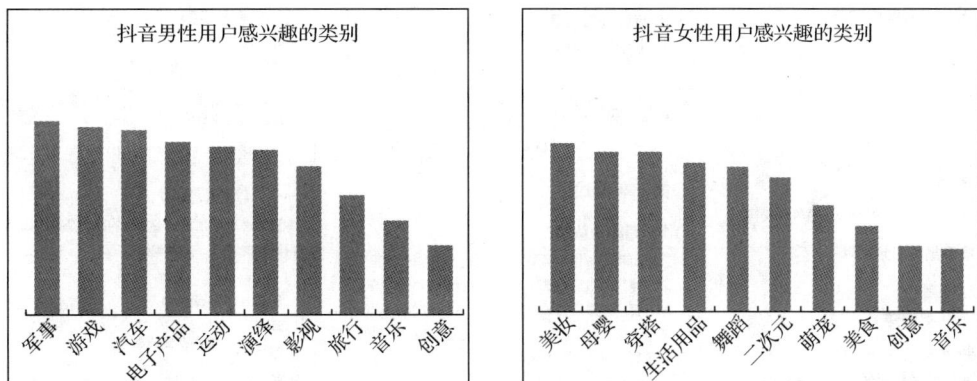

图1-5 抖音用户兴趣偏好

第三步 **了解抖音平台规则**

抖音规则中心中详细罗列了相关规则，包括社区公约、未成年用户保护规范、电商规则和直播规则等。在小艾看来，要想在抖音中直播销售商品，需要详细了解电商规则和直播规则。

1. 电商规则

打开并登录抖音App，点击界面底部的"我"选项，在打开的账号主页中点击界面右上角的 ▤ 按钮，点击"设置"选项。打开"设置"界面，点击"抖音规则中心"选项，进入抖音规则中心，在"平台规则"栏中点击"电商规则"按钮 🛒，即可进入"抖音电商学习中心"界面查看抖音电商规则。

抖音电商学习中心对电商规则进行了分类，包括商家管理、创作者管理、营销推广等多个方面；在各大分类下，又采用标签的形式细分了各个小类，例如商家管理就细分出了招商入驻、商品管理、经营管理、违规管理等小类。

就直播销售而言，应当重点关注商品管理、创作者管理、行业/市场分类下的内容。其中，商品管理主要包括与商品发布和商品质量相关的规则，图1-6所示为商品发布中商品基础分说明的部分内容；创作者管理包括与社区规范、行业宣传规范和商达（商家、达人）合作相关的内容，图1-7所示为社区规范中电商直播间封面管理规范的部分内容；行业/市场囊括了不同行业的管理规范，如酒类、珠宝文玩类、个护家清类等的行业管理规范，图1-8所示为3C数码家电行业管理规范的相关内容。

另外，抖音电商学习中心还设置了"必读规则"和"本周新规"板块，其中，"必读规则"是主播开展直播销售前应当铭记于心的知识。

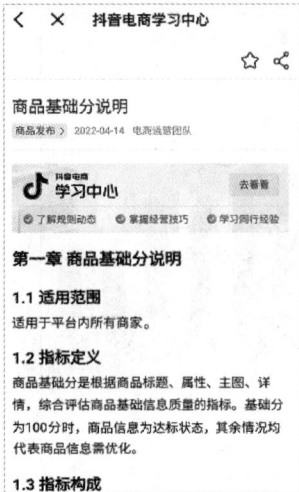

图1-6 商品基础分说明

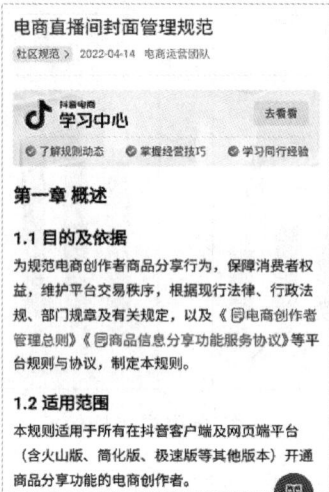

图1-7 电商直播间封面
管理规范

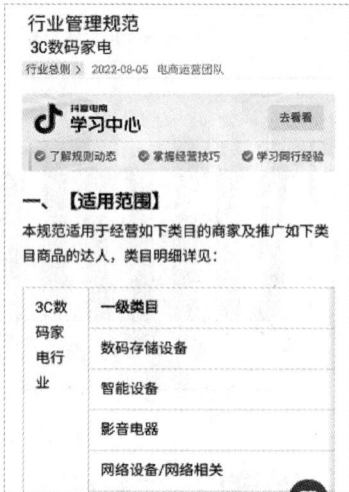

图1-8 3C数码家电行业
管理规范

2. 直播规则

进入抖音规则中心，在"平台规则"栏中点击"直播规则"按钮 📺，即可进入"直播规则学堂"界面查看抖音直播规则。直播规则学堂包括"规则速递""社区公告""课程学习"3个板块，其中，"规则速递"板块中的《直播行为规范》和"课程学习"板块的内容需要重点掌握。

《直播行为规范》详细介绍了直播违规行为及相应处罚，如图1-9所示。在"课程学习"板块中，抖音将直播规则以视频的形式进行了讲解，如图1-10所示，主播应当重点学习"开播前必读""文明直播新规范""哪些售卖行为不可取？""展示/介绍/宣传不当商品"（见图1-11）等与商品、销售行为有关的课程。

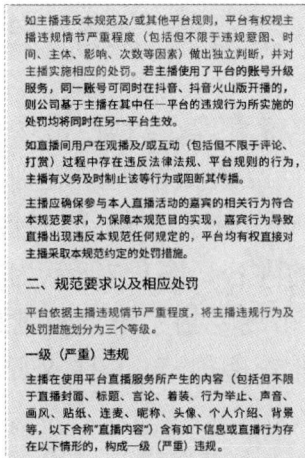

图1-9 《直播行为规范》

图1-10 "课程学习"板块

图1-11 "展示/介绍/宣传不当
商品"课程

活动二 快手

快手是北京快手科技有限公司旗下的一个平台，目前日活跃用户数量超过了3亿，其用户具有分布广、数量多、消费潜力大等特点。在直播内容上，快手直播有很强的"网络直播"氛围，用户与主播的互动率较高。主播同样可以从用户画像、用户偏好和平台规则等方面来深入了解快手。

第一步 **了解快手用户画像**

图1-12所示为快手用户画像。从图中可以看出，快手用户的性别分布与抖音用户存在较大差别。快手中，男性用户比女性用户占比高，从年龄上看占比较大的是30岁及以下的用户。

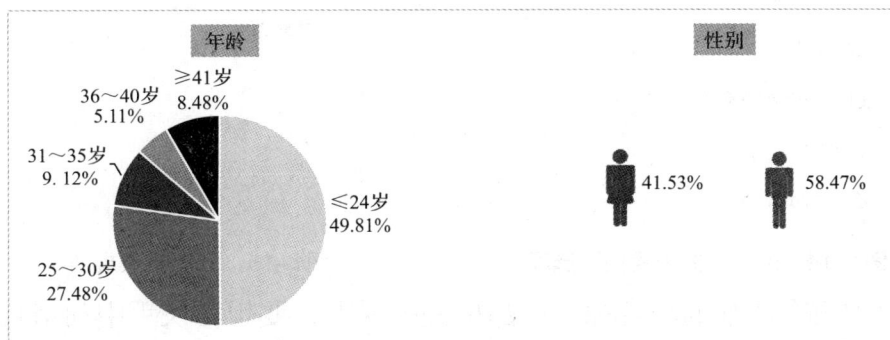

图1-12 快手用户画像

第二步 **了解快手用户偏好**

图1-13所示为小艾收集的快手用户的内容兴趣偏好和网络购物偏好。从中可以看出，快手用户内容兴趣上更偏好生活、影音、通信、手机工具等，网络购物上则偏好综合电商、团购等。

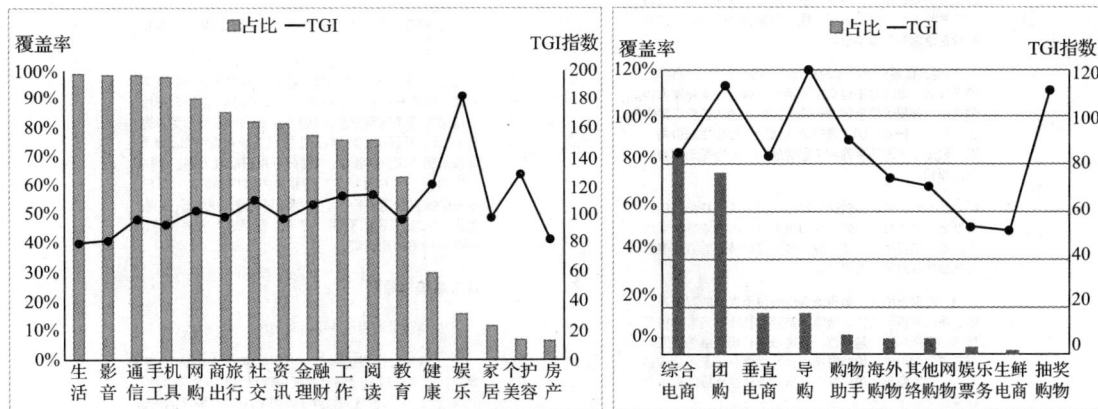

图1-13 快手用户的内容兴趣偏好和网络购物偏好

第三步 了解快手平台规则

打开并登录快手App，点击界面左上角的☰按钮，在打开的左侧导航栏中点击"设置"选项，进入"设置"界面，点击"关于我们"选项（见图1-14），在打开的界面中点击"法律条款"选项，即可查看相关规则（见图1-15）。

图1-14 点击"关于我们"选项

图1-15 查看相关规则

快手中没有详细的与直播、商品相关的规则，要想在快手中利用直播销售商品，则需要查看"主播注册条款"和"快手社区管理规范"栏中的内容。"主播注册条款"栏中介绍了与直播服务使用、直播收益相关的规定（见图1-16）；"快手社区管理规范"栏中则介绍了依据《网络安全法》《互联网信息服务管理办法》等法律法规制定的一些原则和规定（见图1-17）。

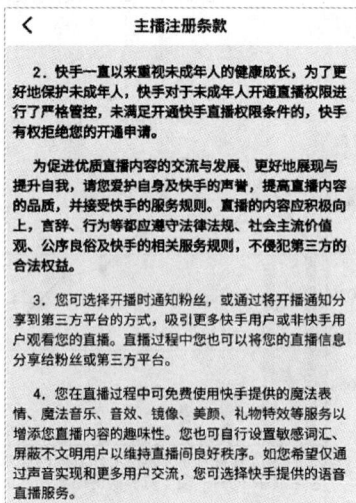

图1-16 主播注册条款

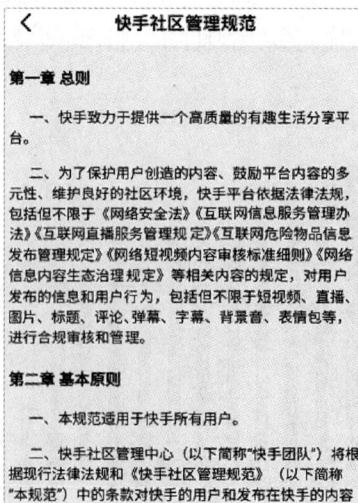

图1-17 快手社区管理规范

活动三 点淘

点淘是淘宝旗下的直播平台，其前身是淘宝直播。点淘与抖音、快手都具有拍摄、浏览短视频内容及开展直播电商等相似的功能。但是，点淘整体的结构围绕直播电商展开，能够让用户更便捷、更快速地找到对应自身需求的直播间，具有用户购物目的性强、营销精准等特点。

第一步　了解点淘用户画像

图1-18所示为点淘用户画像，从图中可以看出，点淘中的女性用户明显多于男性用户，并且年龄多分布在26～40岁。这类人大多拥有自己的可支配收入，对于新鲜事物的接受度高。

图1-18　点淘用户画像

第二步　了解点淘用户偏好

2022年6月，点淘发布了《2022淘宝直播初夏消费报告》。报告显示，越来越多的用户选择在点淘上购买商品。就直播间的用户而言，女性用户较爱购买箱包配饰、女装、美妆、珠宝、食品等商品；男性用户则多购买汽车、电子产品等商品。图1-19所示为点淘直播间成交额较高的商品品类。

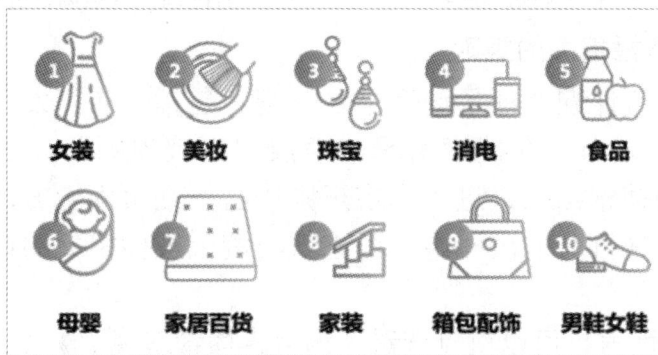

图1-19　点淘直播间成交额较高的商品品类

第三步 了解点淘平台规则

与在抖音、快手开展直播销售不同，要想在点淘中开设直播间销售商品，除了要了解点淘社区管理规则外，还应当遵守与淘宝直播相关的规则。

1. 点淘社区管理规则

打开并登录点淘App，点击界面底部"我的"选项，进入账号主页，点击右上角的▤按钮，在打开的侧边栏中点击"社区规则"选项（见图1-20），即可在打开的界面中查看《点淘社区管理规则》（见图1-21）。《点淘社区管理规则》主要介绍了内容和商品的发布要求，以及违规行为的处置方法。

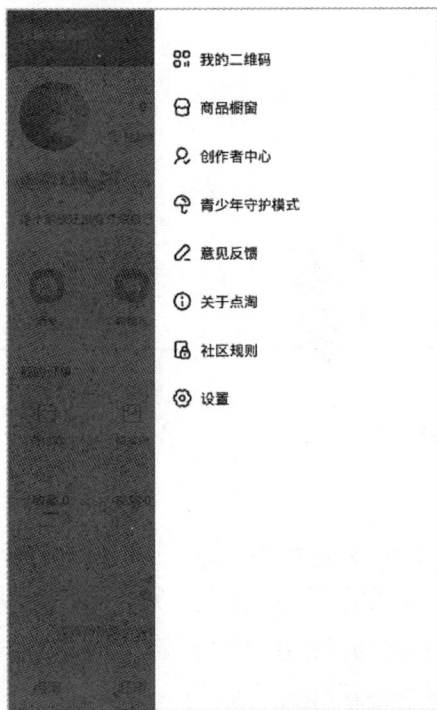

图1-20　点击"社区规则"选项

图1-21　《点淘社区管理规则》

2. 与淘宝直播相关的规则

淘宝规则中心详细罗列了淘宝平台规则，包括开店、发布商品、直播、营销活动等多个方面。在搜索引擎中搜索"淘宝规则"，找到并单击标有"官网"字样的搜索结果，进入淘宝规则中心，在页面上方的输入框中输入"淘宝直播"，在打开的页面中即可查看与淘宝直播相关的规则，如图1-22所示。

就直播销售而言，可以重点查看《淘宝直播管理规则》（见图1-23）及淘宝直播平台限制推广的商品等。

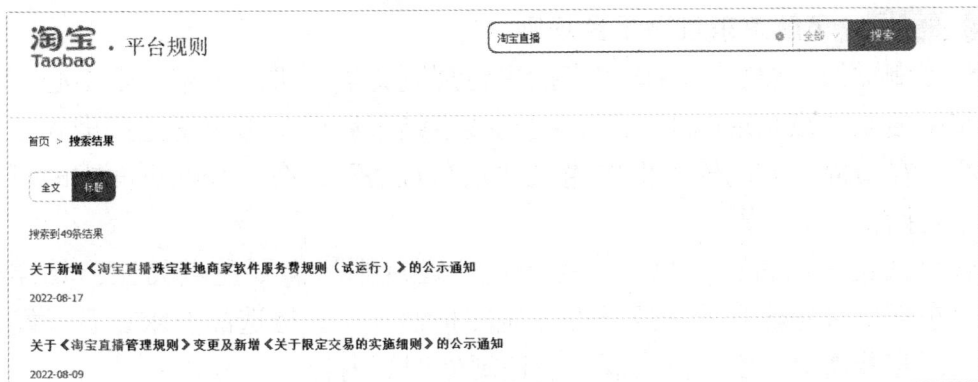

图1-22 与淘宝直播相关的规则

图1-23 《淘宝直播管理规则》

活动四 京东直播

京东直播是京东推出的直播平台。与抖音、快手、点淘等直播平台不同，京东直播主要采用商家自播模式，因此，观看直播的用户大多是品牌的粉丝。

第一步 了解京东直播用户画像和偏好

根据京东发布的《京东直播白皮书》，京东直播的用户画像和用户偏好如下。

（1）观看直播的用户中，男女成六四分布，其中近半数用户的年龄为26～35岁。

（2）观看直播的用户中，一线和二线城市用户占比达42%。

（3）直播用户的浏览偏好集中于食品饮料、母婴、手机通信、家用电器、服饰内衣等品类。

第二步 了解京东直播平台规则

与点淘类似，要想了解京东直播平台规则，需要进入京东规则中心。在搜索引擎中搜索"京东规则中心"，找到搜索结果后单击相应超链接进入京东规则中心，在页面上方的输入框中输入"京东直播"，在打开的页面中即可查看与京东直播相关的规则。

就直播销售而言，《京东直播频道管理规则》需要重点关注，其详细介绍了京东直播频道账号的开通条件（见图1-24）、直播选品要求、直播发布规范、主播穿着规范、主播行为规范、违规处理等内容。

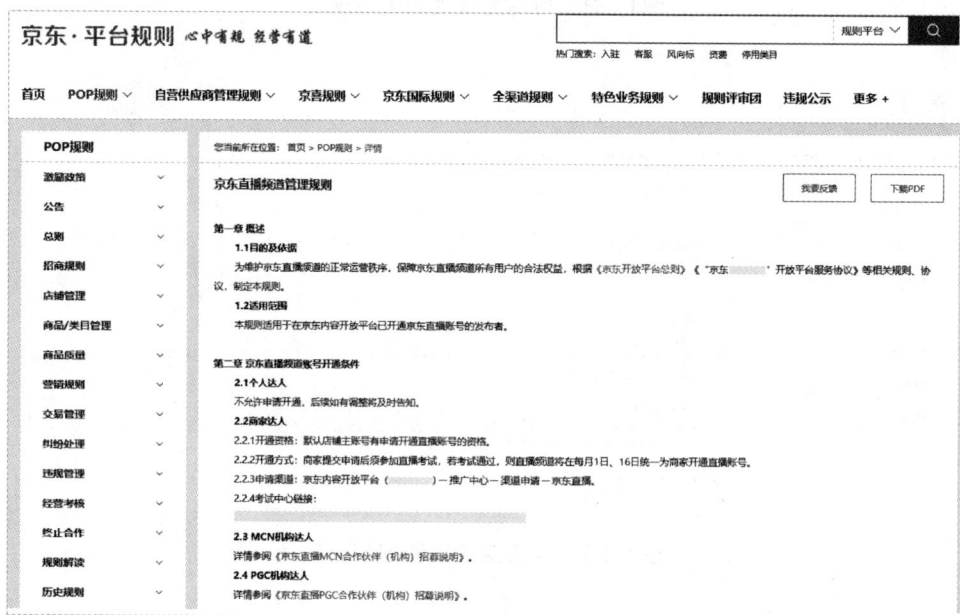

图1-24 《京东直播频道管理规则》

任务三 认识直播销售岗位

任务描述

老李告诉小艾，我国于2020年正式在"互联网营销师"职业下增设"直播销售员"工种，从此带货主播有了正式称谓——直播销售员。紧接着，老李准备向小艾介绍直播销售员的等级划分、岗位职责与任职要求，让她充分了解这个岗位，明确自己应该提升哪些方面的能力，从而能够胜任该岗位，在直播销售员的道路上持续发展。

任务实施

👤 活动一　直播销售员的等级划分

2021年11月25日，《互联网营销师国家职业技能标准》正式颁布，其对直播销售员这一职业设立了5个等级，分别为五级/初级工、四级/中级工、三级/高级工、二级/技师、一级/高级技师，部分内容如表1-1所示。

表1-1　直播销售员的等级划分

等级	职业功能	工作内容	技能要求	知识要求
五级/初级工	工作准备	宣传准备	能搜集商品图文素材；能使用网络搜索工具核实、整理商品素材；能发布商品图文信息预告	商品图文素材搜集方法；网络搜索工具使用方法；商品图文信息发布技巧
		设备、软件和材料准备	能连接硬件设备；能下载安装直播软件；能根据直播计划选择道具、场地	硬件安装调试方法；软件下载安装方法；直播样品搜集方法；道具、场地选择方法
		风险评估	能提出断网、断电等简单故障的解决方法；能判断营销过程中的法律、法规风险	断网、断电等故障的解决方法；营销过程中法律、法规的风险判断方法
	直播营销	直播预演	能将商品特性整理成直播脚本；能根据脚本进行直播彩排	直播脚本编写方法；直播彩排方案制定方法
		直播销售	能介绍销售商品的基本特性及卖点；能对销售商品进行展示；能引导用户下单	商品特性及卖点的介绍技巧；销售商品的展示方法；引导用户下单的技巧
	售后与复盘	售后	能查询商品的发货进度；能处理用户反馈的问题	发货进度查询方法；投诉问题的处理方法
		复盘	能采集营销数据；能统计营销数据	数据采集方法；统计软件使用方法

等级	职业功能	工作内容	技能要求	知识要求
四级/中级工	工作准备	宣传准备	能制作商品专属宣传素材；能执行跨平台宣传计划；能汇总统计相关网络舆情风险信息	素材搜集计划的制订方法；数据监控方案的主要内容；音视频转码的方法
		设备、软件和材料准备	能制订样品（道具）搭配计划；能制定出镜者形象方案	样品库的盘点方法；样品（道具）的搭配方法；出镜者形象方案的制定方法；硬件设备的选择方法；设备搭建与联调的方法
		风险评估	能评估团队协作风险；能制订并执行风险应对计划	团队协作风险的评估方法；风险应对计划的制订方法
	直播营销	直播预演	能编写团队协作的直播脚本；能根据直播脚本测试营销流程	团队协作的直播脚本编写要求；营销流程的测试方法
		直播销售	能使用营销话术介绍商品特点；能介绍平台优惠及商品折扣信息	营销话术的表达技巧；平台优惠及商品折扣的介绍方法
	售后与复盘	售后	能分析和汇总异常数据；能建立售后标准工作流程	异常数据的分析和汇总方法；售后标准工作流程的主要内容
		复盘	能对售前预测数据进行复核；能通过复盘提出营销方案的优化建议	数据复核方法；营销方案优化方法
三级/高级工	工作准备	宣传准备	能建立第三方宣传供应商资源库；能计算预热投入产出比；能协调引流资源并扩大宣传渠道；能分析研判相关网络舆情风险信息	第三方供应商资源库的建立方法；投入产出比的测算方法

续表

等级	职业功能	工作内容	技能要求	知识要求
三级/高级工	工作准备	设备、软件和材料准备	能根据营销计划选购硬件设备； 能制订道具采购计划	出入库管理制度的建立办法； 设备采购要求； 道具采购要求； 设备状态检测方法
		风险评估	能制定风险管理奖惩制度； 能评估风险防控方案的时效性	风险管理奖惩制度的主要内容； 风险防控方案的评估方法
	直播营销	直播预演	能组织团队进行直播预演； 能根据预演效果调整营销方案	团队配合技巧； 营销方案的调整方法
		直播销售	能对个人情绪进行管理控制； 能调动直播间气氛； 能根据用户反馈实时调整直播策略	个人情绪管控技巧； 直播间气氛调动技巧； 直播策略的调整原则
	售后与复盘	售后	能使用智能交互系统回复用户信息； 能撰写售后工作报告	智能交互系统的使用方法； 售后工作报告主要内容和撰写技巧
		复盘	能制定数据维度和分析标准； 能制定数据采集操作流程	数据维度和分析标准的制定方法； 数据采集操作流程的制定方法
二级/技师	直播营销	营销策划	能制定主题直播间搭建方案； 能制定个人品牌方案	主题直播间搭建技巧； 个人品牌塑造方法
		直播规划	能设定直播销售周期目标； 能建立直播销售规范流程	直播销售周期目标编制方法； 直播销售流程操作步骤

续表

等级	职业功能	工作内容	技能要求	知识要求
二级/技师	团队管理	团队架构设置	能制定团队考核标准； 能解决跨部门协作的问题	考核标准设计方法； 协作沟通技巧
		团队文化建设	能建立员工的评价体系； 能建立员工互评	评价体系建立方法； 互评机制建立方法
	培训指导	培训	能制订培训计划； 能编写培训讲义； 能讲授专业基础知识和技能要求	培训计划的编写方法； 培训讲义的编写方法； 培训教学与组织技巧
		指导	能指导三级/高级工及以下级别人员工作； 能制定培训指导规范	专业技能指导方法； 培训指导规范编写方法
一级/高级技师	直播营销	营销计划	能制订多媒介传播计划； 能对营销效果进行评估	多媒介传播计划的制订方法； 营销效果的评估方法
		直播规划	能制定直播用户管理方案； 能制订提升用户购买率的计划	直播用户管理的方法； 提升用户购买率的方法
	团队管理	团队架构设置	能根据业务需求搭建团队； 能根据业务方向调整团队分工	团队的搭建方法； 团队分工的调整方法
		团队文化建设	能建立团队文化理念； 能制定团队管理规范	团队文化理念建立方法； 团队管理规范制定方法
	培训指导	培训	能组织开展培训教学工作； 能建立培训考评体系	培训教学工作的要求与技巧； 考评体系的建立方法
		指导	能指导二级/技师及以下级别人员工作； 能评估培训效果	专业技能指导的考评方法； 培训效果评估方法

活动二 直播销售员的岗位职责

老李打开BOSS直聘网站后，让小艾查看了两个不同公司招聘直播销售员的信息，如图1-25所示。之后，老李带着小艾总结了直播销售员的岗位职责，具体如下。

（1）讲解、展示商品，介绍直播间优惠活动，回答用户问题，引导用户购买商品。

（2）与用户互动，活跃直播间氛围，引导用户关注和分享直播间。

（3）熟悉直播平台，协助团队成员选品、布置直播场地、梳理直播流程。

（4）参与直播脚本、直播话术等的策划和撰写，分析直播数据，开展直播复盘等。

（5）参与短视频的拍摄，协助团队成员剪辑、发布短视频和进行直播预告。

（6）协助处理商务合作、商品信息整理等事宜。

图1-25 不同公司招聘直播销售员的信息

📑**经验之谈**

　　一场成功的直播不是由主播一人完成的，而要靠直播团队的运营和配合。一般来说，一个成熟的直播团队除了主播外，还包括助理、场控、策划和客服等人员，其具体工作内容如表1-2所示。需要注意的是，没有直播经验的主播一般要从直播辅助岗位，如助理等做起。

表1-2　直播团队人员（不含主播）的工作内容

人员	工作内容
助理	协助主播工作，主要工作包括准备直播商品与道具、担任临时主播等
场控	负责软硬件调试及整场直播的后台操作，如直播间数据监测与反馈、直播现场气氛和节奏的把控等
策划	负责策划直播方案、直播预热宣传方案、引流方案和用户福利方案等，设计商品脚本、活动脚本、话术脚本
客服	负责用户的咨询解答，包括在直播间解答，联系中奖用户，处理各种售前、售后问题等

👤 活动三　直播销售员的任职要求

　　在小艾了解了直播销售员的岗位职责后，老李又向小艾展示了特讯运营和其他公司对直播销售员的任职要求，如图1-26所示。

任职要求

1. 临场思维敏捷，有较强的语言表达能力和应变能力，性格活泼开朗、表现欲强。

2. 有带货销售能力，能快速掌握商品卖点、及时与粉丝交流。

3. 工作态度积极主动，有良好的职业操守和敬业精神。

4. 接触过点淘、抖音、快手直播的优先。

5. 热爱媒体事业并且对直播行业有自己的见解。

任职要求

1. 有3个月以上的带货经验。

2. 熟悉网络聊天，性格开朗，反应机敏，善于表达，自我调节能力强。

3. 形象气质佳，态度积极，性格阳光，吃苦耐劳。

4. 具有较强的客户跟踪能力及销售能力，有团队合作意识和现场操控应变能力。

图1-26　不同公司对直播销售员的任职要求

　　接着，老李又带着小艾总结、归纳了直播销售员的任职要求。老李告诉小艾，许多公司对直播销售员的专业、学历、经验不做硬性要求，也有个别公司会优先考虑影视表演、播音主持、市场营销、电子商务等专业的人员，或要求应聘者具有高中及以上学历、半年及以上工作经验，但是对直播销售员的能力要求较多。一般来说，直播销售员应当具备较强的语言表达能力、形象管理能力、控场能力、应变能力及抗压能力。

（1）语言表达能力。直播销售员在直播时需要讲解商品，及时与用户互动，因此直播销售员应当具备较强的语言表达能力，保证发音准确、语速适中、思路清晰，能清楚地将实际想法传达给用户。

（2）形象管理能力。一般来说，形象好、气质佳的直播销售员更能吸引用户。直播销售员不需要很漂亮，但是一定要能管理好仪容、仪表和仪态，做到着装得体，妆容清新、自然，言谈举止落落大方。

（3）控场能力。就直播而言，控场能力主要体现在调动直播间气氛，控制直播节奏，引导用户点赞、分享直播间等方面。在直播间人气不足、热度不够时，直播销售员要能及时引导用户分享直播间，引导用户展开话题讨论；在用户的讨论偏离话题时，直播销售员要能及时引导，防止舆论失控。

（4）应变能力。应变能力是指直播销售员能沉着、冷静地应对直播时发生的各种突发状况，有效化解直播危机。对于直播销售员而言，对直播工作进行预演，对整个直播流程和直播商品有大致的了解，可以有效减少直播突发状况的发生。

（5）抗压能力。直播销售员大多会面临直播间人气不足、商品销量低、用户发表负面评价等问题。因此，直播销售员应当具备强大的心理承受能力，能抗住直播压力，快速调整情绪和状态，化解负面情绪。

🖍动手做

查看与直播销售岗位有关的招聘信息

下载智联招聘App，在其中查看不同公司招聘"带货主播"的信息，然后选择自己感兴趣的岗位，查看其岗位职责和任职要求，然后判断自己是否达到要求，完成表1-3。

表1-3 "带货主播"招聘信息

公司名称	任职要求	是否达到要求
	专业：	□是　□否
	学历：	□是　□否
	经验：	□是　□否
	能力：	□是　□否

同步实训

实训一　做好直播销售岗位规划

实训描述

所谓的岗位规划，就是在自我认知的基础上，针对自己将要从事的岗位及要达到的职业目标所制定的方案或计划。做好岗位规划，不仅能真实、全面地了解自己，明确学习和发展方向，还可以有针对性地改进自身不足，从而提升自己的竞争能力。下面请同学们针对直播销售岗位进行规划。

操作指南

开展直播销售岗位规划，可以按照自我分析—职业分析—确定目标—制订计划的步骤进行。

第一步　自我分析

在这一阶段，可以通过对以下问题进行诚实回答来认识自己，然后得出对自身性格特征、兴趣爱好、职业能力、职业价值观等方面的分析。

（1）我的性格怎么样？我具有怎样的人格特质？

（2）我的兴趣是什么？

（3）我掌握了哪些知识和技能？其中有哪些是与众不同、与直播销售岗位相匹配的？

（4）我具有怎样的职业价值观？

（5）使我开心、难过、生气、成熟、意志消沉、深受鼓舞的事分别是什么？

（6）我的优点和缺点是什么？

（7）我渴望从工作中获得什么？

第二步　职业分析

在这一阶段，可以进入BOSS直聘、智联招聘等招聘平台，搜索直播销售员岗位信息，查看招聘信息后从以下方面进行分析。

（1）岗位职责

_____

_____

_____

（2）任职要求

_____

_____

_____

（3）薪酬水平

_____

第三步　确定目标

此步骤需要提出切实可行的个人目标，包括知识目标、能力目标、职业提升目标、薪酬目标、工作环境目标等。

第四步　制订计划

此步骤需要根据个人目标衡量现实与目标的差距，制订行动计划。行动计划要尽可能量化，以方便检查。例如，每日早晚进行30分钟的绕口令练习、每日完成2次发音训练、每日录制3篇普通话水平等级测试作品等。

完成以上内容后，就可以撰写一份完整的直播销售岗位规划书，从而为后续工作提供指导。图1-27所示为岗位规划书模板。

					时间：　　年　月　日	
姓　　名			性　别		年　龄	
自我分析	性格特征					
	兴趣爱好					
	职业能力					
	职业价值观					
职业分析	目标公司					
	目标岗位					
	薪酬水平					
	岗位职责					
	任职要求					
岗位目标	知识目标					
	能力目标					
	职业提升目标					
	薪酬目标					
	工作环境目标					
行动计划						

图1-27　岗位规划书模板

💬 实训评价

同学们完成实训操作后，提交岗位规划书。老师根据岗位规划书的内容，按表1-4所示内容进行打分、点评。

表1-4　实训评价

序号	评分内容	总分	老师打分	老师点评
1	能否清晰认识自我	20		
2	能否根据目标岗位提出可行的目标	30		
3	能否根据个人目标制订行动计划	20		
4	是否呈现出了完整的岗位规划书	30		

最终得分：_____

👤 实训二　制作直播销售岗位求职简历

📋 实训描述

求职简历是求职者求职时用于介绍自己的书面材料，也是用人单位对求职者留下初步印象的重要依据。求职简历是求职者学习生活、工作经历的缩影，用于向用人单位进行自我展示、自我推销。求职简历在很大程度上决定了用人单位是否对求职者感兴趣，并给予求职者面试的机会。下面请同学们尝试制作直播销售岗位求职简历。

✂ 操作指南

一般来说，求职简历应该包括求职者的基本情况、求职意向、教育经历、实践经历、专业技能、获奖情况和自我评价等。在制作直播销售岗位求职简历时，求职者可以按照如下步骤进行。

第一步　罗列基本情况

基本情况主要包括姓名、性别、年龄（或出生年月）、民族、籍贯、政治面貌、学历、毕业学校、专业、手机号码等。一般情况下填写基本情况时，应讲究条理性，写出关键信息即可。表1-5所示为求职简历的基本情况项目示例。

表1-5 求职简历的基本情况项目示例

姓名		性别		年龄	
民族		籍贯		政治面貌	
学历		毕业学校			
专业		手机号码			

第二步 表明求职意向

在填写求职意向时，一定要写清楚，要直截了当地表明想要应聘的岗位，如"求职意向：带货主播"，以便用人单位了解。

第三步 写明教育经历

这部分内容主要是求职者从初中阶段至就业前获得最高学历阶段的经历（有的仅填写就业前获得最高学历的经历）。"教育经历"要写明的内容包括毕业学校、专业、学位等。填写时，注意时间上应该是倒序，即把获得的最高学历写在前面。

教育经历：_____

_____

_____

第四步 写明实践经历

实践经历是求职简历需要重点突出的部分，是反映求职者岗位适应能力的重要内容。在填写实践经历时，不要一股脑将所有实践经历都写上，要找出与岗位招聘需求相匹配的经历。例如，以应聘某带货主播的简历为例，实践经历可以是做过老师的助理、参加过学校辩论队、担任过活动主持人等。

实践经历：_____

_____

_____

第五步 写明专业技能

专业技能同样是求职简历的重要部分，可以展现求职者的核心竞争力。求职者可以展示取得的资格证书或在某方面的过人之处。

专业技能：_____

_____

_____

第六步　写明获奖情况

在求职简历中写明获奖情况能够增加用人单位对求职者的好感。获奖情况包括获奖学金及获三好学生、优秀学生干部、优秀团员、社会实践优秀个人、优秀社团负责人等称号。

获奖情况：_____

_____

_____

_____

第七步　添加自我评价

自我评价一般是概括自己的突出优势、工作态度或座右铭等，表达不能太啰唆，应言简意赅，力求有总结升华的效果。

自我评价：_____

_____

_____

_____

以上内容填写完后，就可以汇总在一起。求职简历的语言表达应当简练，篇幅应当尽量控制在一页以内。

💬 **实训评价**

在同学们完成实训操作后，老师将根据每位同学制作的求职简历，按表1-6所示内容进行打分、点评。

表1-6　实训评价

序号	评分内容	总分	老师打分	老师点评
1	是否清楚罗列基本情况和表明求职意向	20		
2	是否写明教育经历、实践经历	30		
3	是否写明专业技能、获奖情况	30		
4	求职简历是否美观、简练	20		

最终得分：_____

项目总结

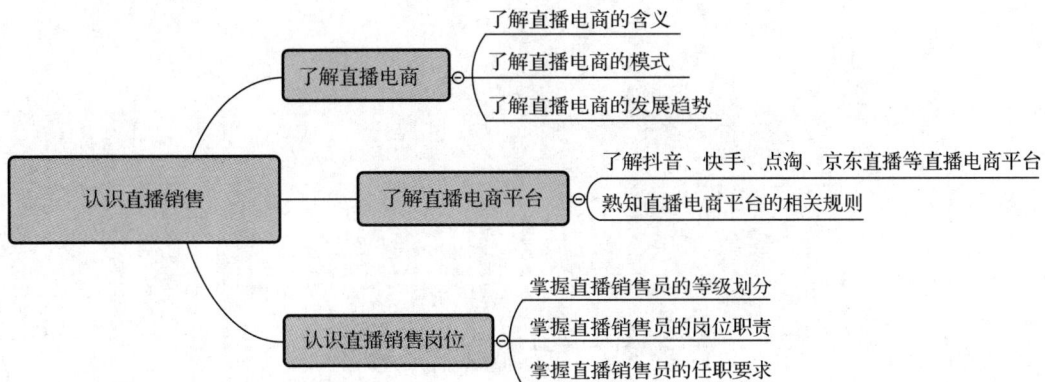

认识直播销售

- 了解直播电商
  - 了解直播电商的含义
  - 了解直播电商的模式
  - 了解直播电商的发展趋势
- 了解直播电商平台
  - 了解抖音、快手、点淘、京东直播等直播电商平台
  - 熟知直播电商平台的相关规则
- 认识直播销售岗位
  - 掌握直播销售员的等级划分
  - 掌握直播销售员的岗位职责
  - 掌握直播销售员的任职要求

项目二

提升主播素养

情境创设

　　为了让小艾更了解主播的日常工作，老李带着她现场观看了公司主播的几场直播活动。在观看后，小艾感到公司的主播不但形象气质佳，还具备非常强的口语表达能力、肢体表现能力及应变能力，能随时调节直播间的气氛。

　　老李告诉小艾，主播是直播团队的核心人物，任何新手主播成长为优秀成熟的主播都要经历自我修炼。为了快速提升小艾的职业素养和直播能力，老李准备带着小艾打造直播人设，并开展直播素养培训，为后续直播做准备。

学习目标

知识目标

1. 熟悉直播人设的打造方法。
2. 掌握规划主播形象的相关知识。
3. 掌握主播专业能力的训练方法。

技能目标

1. 能够设置凸显人设定位的账号。
2. 能够塑造一个专业、受用户欢迎的主播形象。
3. 能够通过专业能力的训练提升直播技能和水平。

素养目标

1. 引导文明互动、理性表达，共建健康、文明的网络语言环境。
2. 强化学习意识，加强主播专业能力训练，不断学习、精益求精。

任务一 打造直播人设

任务描述

人设即人物的设定，一般而言，直播领域被大众熟知的主播都有比较鲜明、独特的人设，人设越饱满、有辨识度，主播越容易脱颖而出。为了让小艾快速被用户记住，吸引更多用户的关注，老李准备先带着小艾定位直播人设，并设置能够凸显人设定位的账号。

任务实施

活动一 直播人设定位

人设是用户识别主播的符号，主播进行人设定位要结合自身特点，并适当放大自身的闪光点，展现自己的真实特征，以吸引和感染用户。对于新手主播而言，可以尝试根据行业热门主播的人设定位方向，结合自身特点进行人设的定位。

第一步 了解直播人设定位方向

直播电商行业的直播人设主要有3种定位方向，如表2-1所示。

表2-1　直播人设的定位方向

方向	说明
专业达人	专业达人是基于自己的兴趣爱好、特长、专业领域等来打造的人设，如美妆教程达人、服饰穿搭达人等
泛娱乐达人	泛娱乐达人主要是通过展示才艺，如唱歌、跳舞等，建立独特的个人形象，进而打造出的一种人设
专家学者	专家学者一般是基于自己的职业形成的人设，一般需要机构或职称认证，并有专业技术支持，所以很难批量复刻，但这类人设可以在短时间内建立用户信赖，更容易促使用户下单

第二步　明确直播人设定位

在小艾了解定位方向后，老李便带着小艾确定她的人设定位。老李告诉小艾，明确直播人设定位的关键在于能够真实、全面地剖析自己，新手主播可以从5个维度进行分析，具体如表2-2所示。

表2-2　人设定位维度

维度	说明	示例
我是谁	确定身份和形象	我是一名美妆店员，销售经验丰富，热情诚恳，个人形象气质佳
面对谁	目标用户群体的地域、年龄、性格、偏好、收入状况、消费能力等	面对追求改善形象、喜欢时尚的年轻女性用户
提供什么	突出自己的核心竞争力	提供店内的彩妆产品，其价格不高，是店内的畅销款
解决什么问题	能解决用户的痛点（尚未充分满足而又迫切需要满足的需求）	能满足用户不知如何化妆、不知如何选购彩妆产品等需求
给用户带来什么好处	能给用户带来的利益或好处	能提供价格折扣，并赠送小礼品

小艾考虑到自己在校学习过与农村电商和农产品电商相关的知识，对农产品比较了解，能为用户提供各种农产品的相关知识，如选购方法、制作方法等；特讯运营近来大力朝农产品直播领域发展，农产品采购渠道也较多，可以为用户提供有质量保障、性价比高的农产品。因此，小艾决定将自己的直播人设定位为助农直播达人。

👤 活动二 设置凸显人设定位的账号

要设置凸显人设定位的账号，首先需要确定直播账号的设计方案，主要包括名称、头像、简介和背景图等方面，然后在直播电商平台中按照方案确定的内容进行设置。

第一步 **确定直播账号的设计方案**

不同直播电商平台需要设置的账号信息略有差异，但基本都包含名称、头像、简介及背景图等。

（1）名称。直播账号名称应与人设定位相匹配，不仅要体现个人特色，还应便于理解、记忆和传播，如"××石榴哥""××说车"等。另外，有一定知名度的主播，其个人账号也可使用自己的真实名字。品牌账号可以直接使用品牌名或店铺名，如"××服饰""××旗舰店"等，或者使用能体现商品特色的名称。经过思考，小艾决定结合自己的名字和助农直播达人的人设，将直播账号命名为"小艾助农"。

（2）头像。直播账号一般以真人照片、特色标志、公司Logo等作为头像。如果使用真人照片做头像，应保证背景干净，人物突出，有明显的色彩对比；如果使用特色标志或公司Logo做头像，则应保证图片裁剪合理、比例适宜。经过挑选，小艾选择了自己在稻田中劳作的生活照（见图2-1）作为账号头像。

（3）简介。账号简介应当通过简洁的语言告诉用户该账号所定位的领域，展示账号内容的特色。在小艾看来，她可以向用户提供与农产品相关的知识和性价比较高的优质农产品，因此她将直播账号简介设计为"专注农产品领域，关注我，让你了解农产品、买到放心农产品"。

（4）背景图。直播账号背景图位于头像上方，一般使用真人照片或场景图，也可展示主播的特长、联系方式等信息。另外，背景图应与账号定位保持统一，要避免图片模糊不清。图2-2所示为小艾设置的直播背景图，其通过农产品购买场景让用户了解账号，同时引发用户联想。

图2-1 头像

图2-2 背景图

第二步 设置直播账号

完成直播账号的设计方案后，小艾准备在抖音中以"助农直播达人"的人设定位来设置账号信息，具体操作如下。

步骤 01 打开抖音App，点击界面底部的"我"选项，然后点击 编辑资料 按钮，如图2-3所示。

步骤 02 进入"编辑资料"界面，点击头像，在弹出的面板中点击"从相册选择"选项，如图2-4所示。从相册中选择头像素材（配套资源：\素材文件\项目二\头像.jpg）。

步骤 03 进入"裁剪"界面，图片裁剪完成后点击 完成 按钮，如图2-5所示。

图2-3 点击"编辑资料"按钮　　图2-4 点击"从相册选择"选项　　图2-5 裁剪图片

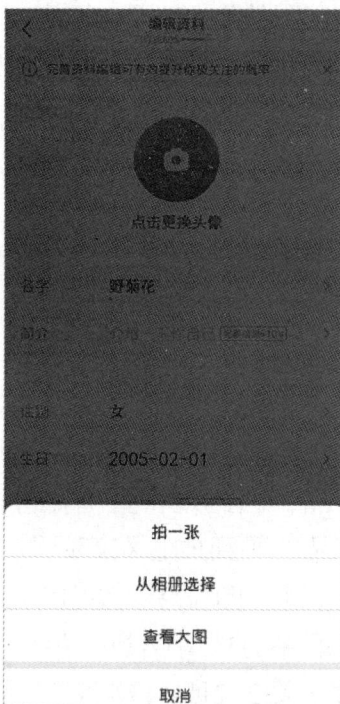

步骤 04 设置好头像后，再次进入"编辑资料"界面，点击"名字"选项。进入"修改名字"界面，输入"小艾助农"，点击 保存 按钮，如图2-6所示。

步骤 05 返回"编辑资料"界面，点击"简介"选项。进入"修改简介"界面，输入账号简介，点击 保存 按钮，如图2-7所示。

步骤 06 返回"编辑资料"界面，点击"主页背景"选项。在打开的界面中点击 [更换背景] 按钮，在相册中选择背景图素材（配套资源：\素材文件\项目二\背景图.jpg）。进入"裁剪"界面，裁剪图片完成后点击 [完成] 按钮。

步骤 07 账号设置完成，其效果如图2-8所示。

图2-6 修改名字　　　图2-7 修改简介　　　图2-8 账号设置效果

✋ 动手做

设置直播账号

假如你是一名家居生活用品领域的主播，请按照以下步骤设置直播账号。

1. 撰写能让用户记忆深刻的名称和简介。
2. 选择合适的头像和背景图。
3. 下载快手App，并按照确定好的账号设计方案设置直播账号。

📝 素养小课堂

在设置直播账号时，应当严格按照《互联网用户账号信息管理规定》等有关要求，落实网络实名制注册账号并规范使用账号名称。

任务二 规划主播形象

任务描述

用户进入直播间，第一眼看到的就是主播整体的形象。老李告诉小艾，主播不一定要多漂亮、帅气，但一定要干净、整洁、自信、大方。为了使小艾的直播形象更加专业、有可信度，老李准备带着她做主播形象规划，包括服装与妆发打造、表情管理、镜头管理等方面。

任务实施

👤 **活动一　主播服装与妆发打造**

俗话说"人靠衣装马靠鞍"，主播从服装与妆发方面打造自己，不仅能让自己显得更有精神，也能凸显对自身和用户的尊重。

第一步　**选择合适的服装**

服装的选择关键在于色彩的搭配，运用好配色，不仅可以掩饰身材的不足，还能突出自身优势。以下为不同颜色的服装搭配方案。

相关资料

不同颜色的服装搭配方案图

（1）黑色+白色+灰色。如果主播对服装的颜色搭配不是很有把握，可以选择黑色、白色、灰色等颜色搭配。黑色、白色、灰色是比较经典且百搭的颜色，会给人庄重、大气之感，一般不容易出错。图2-9所示为黑色+白色+灰色的服装搭配。

图2-9　黑色+白色+灰色的服装搭配

（2）红色+白色、黑色、灰色、米色、棕色等。红色代表热情、喜庆，可以给人热情开朗、积极向上的感觉。一般来说，红色与白色、黑色、灰色、米色、棕色等颜色搭配的效果都很好，能较好地吸引眼球。图2-10所示为红色+黑色、红色+白色的服装搭配。

（3）黄色+蓝色、紫色、白色、黑色、米色、咖啡色等。黄色代表快乐、明亮，会让人觉得充满活力与希望。黄色与蓝色、紫色、白色、黑色、米色、咖啡色等颜色搭配既能让人感受到一定的活力，又会不显得过于跳脱。图2-11所示为黄色+蓝色的服装搭配。

图2-10　红色+黑色、红色+白色的服装搭配

（4）绿色+白色、米色、灰色、卡其色、棕色等。绿色代表希望、安全、平和，会让人觉得清新、自然、宁静，与白色、米色、灰色、卡其色、棕色等颜色搭配可以形成一定的反差，带来较强的视觉冲击。图2-12所示为绿色+灰色的服装搭配。

图2-11　黄色+蓝色的服装搭配

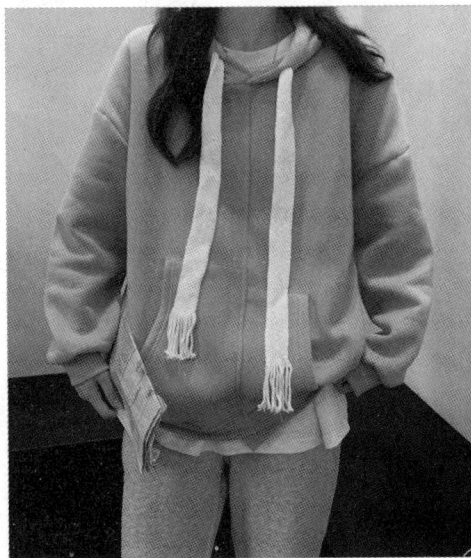

图2-12　绿色+灰色的服装搭配

（5）蓝色+白色、金色、银色、米色、灰色等。蓝色代表纯净、冷静、理智，给人清新、沉稳等感觉。蓝色与白色、金色、银色、米色、灰色等颜色搭配都有十分不错的效果，可以给人一种优雅、沉静的感觉。图2-13所示为蓝色+米色的服装搭配。

（6）紫色+粉色、白色、黑色、蓝色、灰色、红色、紫红色等。紫色代表神秘、浪漫，会给人一种优雅、知性的感觉。紫色与黑色搭配会显得成熟稳重，紫色与蓝色搭配会显得气场强大，紫色与红色搭配会增加高级感。图2-14所示为紫色+白色的服装搭配。

图2-13　蓝色+米色的服装搭配

图2-14　紫色+白色的服装搭配

不同颜色的服装搭配方案较多，主播应当结合自身人设选择合适的服装。

经验之谈

由于主播多采用坐姿直播，那么被注意的部分主要为上半身，因此服装图案和领型的选择非常重要。就服装图案而言，应当选择一些线条简单、颜色搭配合理的图案。而服装领型应当根据脸型和脖子长度进行选择。例如，圆脸主播可以选择"V"字领和"U"字领，可对脸部起到拉长的效果；长形脸和方形脸的主播可以选择圆形领，以柔化脸部线条；脖子细长的主播可以选择衬衫领、圆形领，反之则可以选择"V"字领和"U"字领。

第二步　打造得体的妆发

考虑到直播上镜效果，主播在直播前需要认真打造妆发。一般来说，自然、得体的形象会让用户觉得更真实，因此主播不需要打造很精致的妆发，做好以下几点即可。

1. 清洁面部，保持干净

在直播前，主播应当用清洁霜、洗面奶等清洁面部，洗去脸上的灰尘，让自己看起来有精神、有活力。清洁完面部后，主播还可以涂抹爽肤水、乳液或面霜，做好面部肌肤的湿润。

2. 适当化妆，修饰瑕疵

适当化妆，可以修饰面部瑕疵。主播在化妆时可以注重以下方面。

（1）上底妆。上底妆的目的是调整皮肤的颜色。一般来说，主播应当根据自己的肤色选择与肤色相近、遮瑕度较高的粉底，让皮肤显得健康、无瑕疵。

（2）画眉。画眉即根据自身的眉形用眉笔加深颜色，或者根据脸型对眉毛进行适当修饰（见图2-15）。眉笔的颜色要根据自身的发色进行选择，一般选择灰色、棕色等。三点定位法是比较简单的画眉毛的方法，如图2-16所示。主播需要先确定眉头、眉峰和眉尾的位置。鼻翼垂直向上延伸到眉毛的位置可作为眉头定点，鼻翼到瞳孔中部的延长线延伸到眉毛上方的位置可作为眉峰定点，鼻头到外眼角延长线延伸到眉毛尾部的位置可作为眉尾定点。找好定点后，就可以画出眉毛中部和尾部了，另外，眉头的颜色不宜过深。

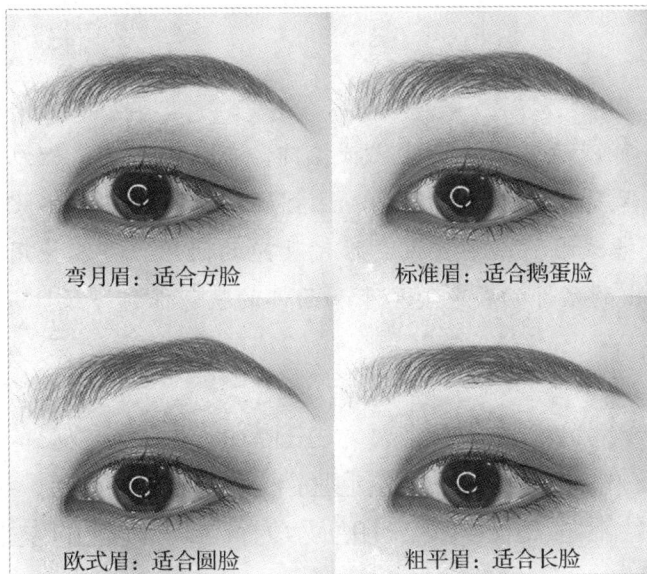

弯月眉：适合方脸　标准眉：适合鹅蛋脸

欧式眉：适合圆脸　粗平眉：适合长脸

图2-15　根据脸型画眉

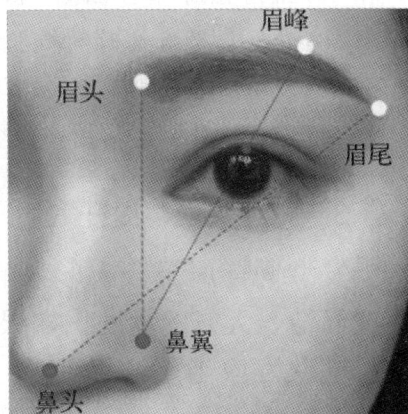

图2-16　三点定位法

（3）画眼影。画眼影可以使主播的眼皮显得明显，突出眼球，让眼睛看起来更加明亮和有神，如图2-17所示。就农产品主播而言，眼影一定要避免过于鲜艳和闪烁，卡其色、米色、棕色等颜色就比较适合。

（4）画腮红。腮红又称胭脂，是指涂敷于面颊颧骨部位，以呈现健康红润的气色及突出面部立体感的化妆品，通常使用红色系颜料。腮红可以让主播的脸显得更红润、有气色。画腮红时，可以用腮红刷从颧骨最高处向四周轻扫晕染，如图2-18所示。

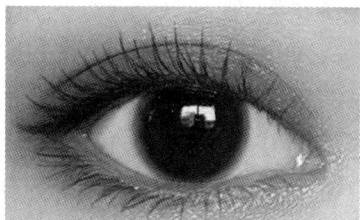

图2-17　眼影效果　　　　　　　　图2-18　画腮红

（5）涂口红。口红可以增加嘴唇的色泽或改变嘴唇的颜色。一般来说，农产品主播的口红颜色不要过于艳丽。在涂口红前还可以涂抹一些润唇膏，避免出现嘴唇干裂的情况。

经验之谈

男主播直播前也应该化妆，可以适当删减一些化妆操作，如不画眼影、腮红等。另外，如果直播时间较长、天气过热或过于干燥，主播还要选择一些防水化妆品，以防脱妆、花妆；如果主播戴眼镜，则要注意眼镜反光的问题，可以换用隐形眼镜。此外，主播出镜时露出的颈部的肤色要尽量和面部的肤色保持一致。

3. 打理头发，提升气质

发型同样属于个人形象的一部分，一般来说，女主播可以选择短发、马尾或简洁、大方的盘发，如果披发，应当保证面部无遮挡、无乱发。同样，男主播的头发应当整洁、干净，且不宜太长。图2-19所示为简洁、利落的发型示例。

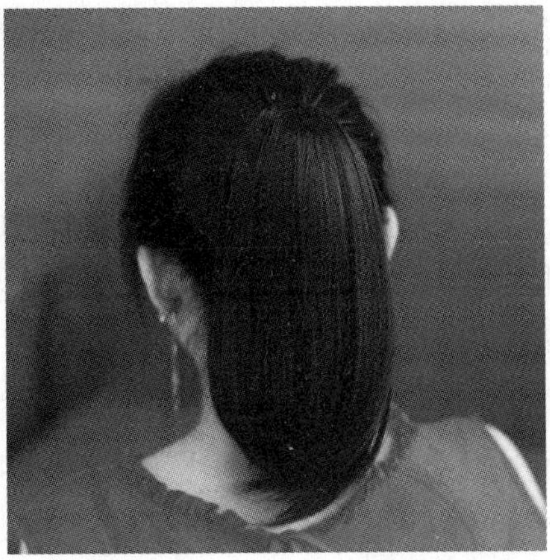

图2-19　简洁、利落的发型示例

　　主播的形象是直播账号的代表，是所销售商品、所宣传品牌的代表。因此，不管是服装还是妆发的打造，都要以直播人设定位为基础。另外，就用户的观看感受而言，主播和直播间是一体的，所以主播的形象设计还要与直播间的风格统一。

活动二　主播表情管理

　　主播亲切、自然的表情不仅能够拉近与用户的距离，还能快速获得用户的好感。为了让小艾在直播时看起来落落大方、神采奕奕，老李为她介绍了表情管理的方法，主要包括眼神管理和笑容管理两个方面。

第一步　眼神管理

　　眼睛是心灵的窗户，如果主播目光呆滞、眼神涣散，可能会给用户一种冷漠、不耐烦的感觉。要想眼神看起来坚定且灵动，可以按照表2-3所示的方法进行训练。

表2-3　眼神训练方法

方法	说明
定点训练	在白纸上点一个黑点，将白纸放在前方，一直盯着黑点，直到眼睛发酸为止
远近训练	手拿一支笔，眼睛以笔为目标，然后随笔由近到远、再由远到近活动。此动作可重复10次
转眼训练	先直视正前方，然后顺时针缓慢转动眼球，再逆时针缓慢转动眼球。此动作可重复10次

此外，在直播时，主播一定要有意识地管理眼神，可以紧盯镜头或屏幕，想象自己正在隔着屏幕和用户交流，眼神千万不要飘忽不定。

第二步 笑容管理

在直播过程中保持微笑，不仅能表现主播友好、乐观的态度，还能创造一种和谐、融洽的气氛，让用户感到愉悦。微笑虽然简单，但是也需要练习，主播可以采用以下两个动作练习自然且有感染力的笑容。

（1）放松嘴唇，深呼吸3次，然后大声说出"a—o—e"，重复2~5组。

（2）拿出一根筷子，面对镜子（也可用手机自拍），用牙齿轻轻咬住筷子，嘴角轻轻上扬，略高于筷子。拿掉筷子，保持该动作10秒，重复2~5组。

经验之谈

人的情绪会影响表情，要想自己的表情自然且有感染力，情绪的管理也非常重要。在有难过、悲伤、愤怒的情绪时，主播一定要及时疏导和化解这些情绪，正面、积极地去解决情绪问题。

活动三 主播镜头管理

新手主播在面对镜头时可能会感觉紧张、尴尬，不知道眼睛该看向哪里，因此除了开展表情管理训练外，主播还需要开展镜头管理训练。为了帮小艾克服镜头紧张感，老李为小艾介绍了表2-4所示的镜头管理训练方法。

表2-4 镜头管理训练方法

方法	说明
模仿法	在直播电商平台中找到与自己风格和人设定位相似的优秀主播，反复观看其直播，模仿其直播风格
背诵法	提前将在直播中要说的话制作成文档，反复阅读并熟记于心
对镜练习法	准备一面比较大的镜子，对着镜子说话，观察自己说话时的状态，如是否微笑、有无过多小动作等
手机录制法	提前按照直播脚本录制视频并反复观看，这样不仅可以更好地了解自己的直播状态，观察自己的表情、肢体动作、语速等，还可以修改、优化相关销售话术

刚开始直播时，难免存在紧张、表情不自然的情况，主播可以借助一些道具，如图书、玩具、抱枕等，这不仅可以缓解自己的紧张感，还能加深用户对自己的印象。另外，主播还可以准备一些小游戏、小活动和话题，以调动用户情绪、活跃直播气氛，避免冷场的同时缓解自己的紧张情绪。

> **动手做**
>
> **训练表情和镜头感**
>
> 请同学们5人一组，按照以下步骤完成表情和镜头感训练。
>
> 1. 撰写自我介绍，并当着小组成员的面脱稿介绍自己。
>
> 2. 选择一款喜欢的商品，采用视频录制的形式向小组成员说明商品的用途、功能等。
>
> 3. 小组成员间相互观看视频，说明讲述人的优点和缺点。

任务三 专业能力训练

任务描述

老李带着小艾开展了一次直播演练，发现小艾的口播能力和处理问题的能力还存在不足，因此老李便带着小艾开展了为期一周的主播专业能力训练，训练内容包括口才训练、沟通训练和应变能力训练3个方面。

任务实施

活动一 口才训练

一名主播要想拥有较好的直播表现力，好的口才非常重要。好的口才不仅可以为直播增添色彩，也能有效提升主播的个人魅力。口才训练是主播专业能力训练中较重要的部分，主要包括发音、音量、语速、气息和口头表达能力等方面的训练，需要长期坚持。

第一步 发音训练

主播在训练自己的发音前，首先应明确自己在发音方面存在哪些问题。常见发音问题如表2-5所示。

表2-5 常见发音问题

问题	说明	解决方法
字音不准	一些主播带有所在地区的口音，或者不知道一些字词的正确读音，所以很容易在发音时出现错误	随时查阅字典
吐字不清	除部分生理原因外，吐字不清大多是唇、舌、口腔肌肉等不协调引起的	利用口部操进行训练

弄清楚自己的发音问题后，主播就可以从以下方面入手开展发音训练。

（1）发准字音。主播应当掌握每一个汉字的正确发音方法，对声母、韵母、声调等进行分解练习，找到正确的发音部位，随后再进行发音的综合练习。一般来说，发准字音比较关键的是做好声母、韵母的发音，尤其是要做好比较容易混淆的几组声母与韵母的发音。表2-6所示为比较容易混淆的声母与韵母发音。

表2-6 比较容易混淆的声母与韵母发音

问题	类型	拼音字母	发音	示例
平翘舌不分	平舌音	z、c、s	舌尖平伸，顶住或接近上齿背	仔细、擦桌子、自己
	翘舌音	zh、ch、sh	舌尖翘起，抵住硬腭最前端，即舌身稍向后伸，舌尖上翘，抵住腭前	哲学、制止、主力
f、h不分	唇齿音	f	下唇与上齿靠近构成阻碍，嘴唇向两边展开	飞翔、返回、丰满
	舌根音	h	舌头后缩，舌根抬起，和软腭接近，唇舌不能接触	喝水、护士、挥手
n、l不分	舌尖中鼻音	n	舌头和舌边上举，顶住上齿龈，鼻孔出气、声带振动	农业、耐心、难题
	舌尖中边音	l	舌尖上举，气流从舌两边流出，上下齿打开	力量、理由、兰花
前后鼻韵母不分	前鼻韵母	以n为韵尾的韵母（an、en、in、un、ün）	a、e、i等发出以后，舌尖抬起顶住上齿龈形成阻碍，鼻孔出气，用鼻辅音n作为音节的收尾	参展、根本、信心
	后鼻韵母	舌根浊鼻音ng作为韵尾的韵母（ang、eng、ing、ong）	a、e、i等发出后，口大开，舌头向后面收缩，舌根抬起顶住软腭，鼻孔出气，用鼻辅音ng收尾	营业、恭喜、安静

（2）提升听觉能力。人类的言语交流尽管主要通过发声来进行，但是其不仅有赖于发声运动系统的活动，还需要听觉感知系统的参与。因此，听觉的敏锐程度也会影响主播发音的准确性。要想提升听觉能力，主播可以多听标准的示范材料，形成标准的听觉感受，然后配合录音软件进行跟读，最后反复审听自己的语音，与示范材料对照，找到自己的错误和不足。

（3）方言辨正。方言辨正是指辨别和比较方言与普通话语音的异同点，明确语音对应关系，掌握语音对应规律，使方言向普通话语音靠拢。在方言辨正的过程中，主播应正确判断自己在语音上的错误和缺陷，有目的地进行正音练习，从而改正发音错误。

✏️ **动手做**

朗读绕口令进行发音练习

请朗读下列绕口令进行发音练习。

1. 八百标兵奔北坡，炮兵并排北边跑。炮兵怕把标兵碰，标兵怕碰炮兵炮。
2. 白石塔，白石搭。白石搭白塔，白塔白石搭，白塔白又大。
3. 树上有梨，地上有泥，风吹梨摇梨落地，梨摇落地梨沾泥。
4. 牛牛拉着大牛走，妞妞牵着小牛遛，六头牛，牛六头，牛牛妞妞都爱牛。

第二步 音量训练

主播说话的音量决定了其声音是否可以被用户听到，而这直接影响用户观看直播的体验。要想让用户沉浸在自己的直播中，主播就要控制好音量，开展音量训练。

（1）过高音量控制。主播说话音量过高，可能会让用户感觉刺耳和嘈杂。如果主播本身嗓门大、说话音量高，可以在直播前试讲，不断寻求合适的直播音量，一旦觉得音量合适，就要多次练习，将音量固定下来。

（2）过低音量控制。如果主播本身说话音量较低，可以选择一款质量较好的话筒，或者在某些特殊场景中（如介绍商品时、引导用户关注直播账号时）有意识地提高音量。

（3）话音颤抖控制。如果主播情绪激动或紧张，可能会出现话音颤抖的情况。主播可以尝试用以下方法控制：一是在讲话间歇调整呼吸；二是用手指轻轻按摩颈部肌肉，消除紧绷感。

第三步 语速训练

语速是传递信息的关键影响因素，只有让用户听清楚自己所说的内容，主播才能顺利地传递信息。因此，主播要尽量做到吐字清晰、发音清楚、语速适中。一般而言，主播可通过以下方法来练习控制语速。

（1）语速测试。主播可以开展一个简单的测试，在自己正常直播时进行录音，直播结束以后，看自己1分钟能说多少字，查看是否存在语速过快或过慢的问题，然后有针对性地进行训练。

（2）朗读训练。一般来说，语速习惯难以在短期内改变，主播可以给自己制订中长期的朗读训练计划。例如，主播可以在每天清晨或睡觉前阅读一段优美的文字，同时使用录音软件进行记录，然后检查自己的阅读状态，找到问题并做出改进。

第四步　气息训练

气息是人发声的动力和基础，主播在说话时，气息的速度、流量、压力的大小与声音的高低、强弱、长短有直接关系。可以说，要想驾驭声音，就必须学会控制气息。主播可以通过表2-7所示的几种方法来训练自己的气息。

表2-7　气息训练方法

方法	说明	操作
胸腹联合式呼吸法	深呼吸方法，把空气吸入肺叶底部，即横膈膜处	一般是用鼻子吸气，把空气吸入肺叶底部，使肋骨向外自然张开，这时腹部有发胀的感觉，随着小腹收缩，气息也从小腹深处涌上来，推动声带发音
压腹数数法	一种气息输出强制训练方法，可以达到增大腹肌和横膈膜的控气力度的目的	平躺在床上，在腹部压上一摞书，吸足一口气，从1开始往后数。练习时，开始阶段压的书可少些，后逐渐增加
软口盖练习法	闭口打哈欠法	打哈欠时故意不张开嘴巴，而用鼻子吸气和呼气
跑步背诗法	跑步出现轻微气喘时，背一首短小的古诗	开始训练时可两人配合，并肩小跑，一句接一句地背下去。背诵时，要尽量不出现喘息声。背完一首诗后，要调节呼吸，再继续背诵

动手做

朗读绕口令进行气息训练

请一口气朗读下列绕口令进行气息练习。

1.出东门,过大桥,大桥前面一树枣。拿着竿子去打枣,青的多,红的少。一个枣,两个枣,三个枣,四个枣,五个枣,六个枣,七个枣,八个枣,九个枣,十个枣,九个枣,八个枣,七个枣,六个枣,五个枣,四个枣,三个枣,两个枣,一个枣。

2.广场上,飘红旗,看你能数几面旗:一面旗,两面旗,三面旗,四面旗,五面旗,六面旗,七面旗,八面旗,九面旗,十面旗,十面旗,九面旗,八面旗,七面旗,六面旗,五面旗,四面旗,三面旗,两面旗,一面旗。

第五步 口头表达能力训练

口头表达能力是一种用口头语言来表达自己的思想、情感,以达到与人交流的目的的能力。就直播销售而言,主播的口头表达能力训练更多是一种对口齿灵活度、语言组织能力和即兴表达能力的训练。

1. 口齿灵活度训练

口齿灵活度训练可以使用速读法。使用速读法时,主播可以先找一篇演讲稿或诗词、散文等,再借助词典把不认识或不熟悉的字或词查出来,然后开始朗读。第一次朗读时,速度不要太快,只求准确、发音标准,之后再逐渐加快速度。另外,在速读的过程中,主播要大声地读出来,不能只是默读。

2. 语言组织能力训练

语言组织能力训练常使用复述法。使用复述法时,主播可以先找一篇文章,然后整理其主要观点和重点内容,用简明扼要的口头语言对文章进行复述,具体可以按照图2-20所示的步骤进行。

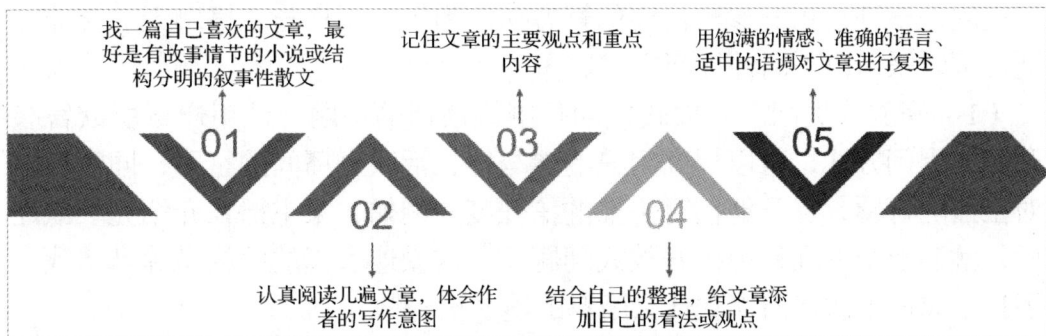

图2-20 复述法操作步骤

- 01 找一篇自己喜欢的文章,最好是有故事情节的小说或结构分明的叙事性散文
- 02 认真阅读几遍文章,体会作者的写作意图
- 03 记住文章的主要观点和重点内容
- 04 结合自己的整理,给文章添加自己的看法或观点
- 05 用饱满的情感、准确的语言、适中的语调对文章进行复述

3. 即兴表达能力训练

训练即兴表达能力的常用方法是描述法。描述法类似于看图说话或看图写作文，即把自己看到的事物、人物等用语言表达出来。由于没有现成的演讲词、散文、诗歌、小说等材料，所以主播需要自己组织语言进行描述，其主要操作步骤如图2-21所示。

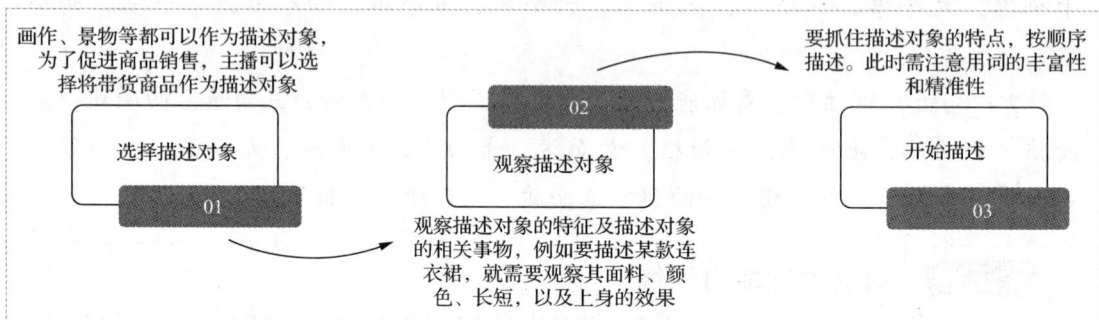

图2-21　描述法操作步骤

在使用描述法训练即兴表达能力时，主播要注意以下两点。

（1）抓住描述对象的特点进行描述，语言要简洁明了且富有感染力，不能过于平淡。

（2）描述时要注意先后顺序，且可以展开联想。

👤 活动二　沟通训练

主播如果不知道如何与用户沟通，就很容易让直播间出现冷场的尴尬局面，用户购买商品的积极性也不会很高。因此，主播要想与用户有效沟通，就需要开展一些沟通训练，掌握让用户参与沟通的方法和技巧，如提问、引入话题和搞笑幽默等。

1. 提问

提问是一种让用户参与沟通的好方法。为了让用户与主播聊天、交流，主播通常可以采用以下两种提问方式。

（1）开放式提问。开放式提问是围绕谈话的主题，让用户畅所欲言。使用开放式提问方式，可以提高用户的参与感，活跃直播间的氛围，同时加深用户对主播的好感，提升他们对主播的信任度。例如，某主播在介绍完一款连衣裙后，就连衣裙的面料提出开放式问题："这款连衣裙的面料是棉麻，我太喜欢了！不知道小伙伴们喜欢什么面料的连衣裙？"

（2）封闭式提问。封闭式提问是在某个范围内提出问题，让用户按照指定的思路去回答问题，使答案具有一定的局限性。例如，某主播为了引出要推荐的扫地机器人，首先询问用户："上班回到家，完全没有心思打扫卫生，是吧？"在用户表示赞同后，主播接着说："打扫卫生时，沙发底下、床底下、客厅的边边角角最难打扫，是吧？"随着用户的进一步赞同，主播随即引出要推荐的扫地机器人："最近我在朋友家里看中了一款打扫好物——××牌扫地机器人，这款扫地机器人集洗、烘、拖功能于一体……"

> **经验之谈**
>
> 　　在直播过程中，为了更加了解用户需求，主播还可以就需要了解的内容进行细节性的提问。例如，主播在介绍某款零食时，为了了解用户的口味偏好，就可以针对零食的口味进行提问："这款零食有草莓、蓝莓和柠檬3个口味，你们喜欢哪个口味？"

2. 引入话题

选择合适、能引起共鸣的话题也可以让用户参与沟通。主播可以使用表2-8所示的方法来引入话题。

表2-8　引入话题的方法

方法	说明	示例
从用户问题入手	针对用户提出的问题展开讨论和交流	某主播在推荐一款帽子时，某位用户询问"这款帽子适合什么脸型？"，主播可以此为话题，引导直播间内的其他用户展开讨论
从自身经历入手	结合自身经历展开讨论和交流	某主播在介绍某款猫粮时，分享自己的猫咪的一些趣事，从而引发喜欢猫咪或养宠物的用户的共鸣，促使他们积极分享自己的经历
从当下热点入手	结合热门话题展开讨论和交流	某主播在介绍某款零食时借某热播剧中出现的美食来引发用户讨论

3. 搞笑幽默

搞笑幽默的主播总是能吸引用户的关注，带动直播间的气氛。在直播的过程中适时抛出一些好笑的故事、言论也可以很好地让用户参与沟通。主播在直播时可以应用以下幽默技巧。

（1）自嘲。自嘲即自我嘲弄，就是运用嘲讽的语言和语气，自己嘲弄自己。适时适度地自嘲会产生妙趣横生、意味深长的效果。例如，某主播拿自己的姓自嘲："这些话就是胡说的，因为我姓胡。"又如，某主播自嘲工资低：

"旅行不必在乎目的地，在乎的是沿途的风景，因为我的工资只能买往返硬座火车票。"

（2）搞笑故事。在直播开场时或者介绍商品的间歇，主播可以讲述一些自己看过的或日常经历的搞笑故事。例如，某主播在直播开场时讲述的故事："我给大家讲一个我昨晚看到的故事！一位爷爷拿着一颗绿色的糖果和一颗红色的糖果，问小孙子想要哪一颗，小孙子想了想，拿了那颗绿色的糖果。爷爷好奇地问孙子为什么要选绿色的糖果，小孙子眨眨眼告诉爷爷选绿色是因为绿色代表希望。爷爷听后笑了起来，询问小孙子的希望是什么。小孙子说：'我希望爷爷把红色的糖果也给我。'"

对于主播而言，要想变得更加搞笑幽默，第一步就是收集搞笑素材。主播可以利用生活中收集的搞笑素材，培养自己的幽默感。另外，主播可以通过学习脱口秀节目、娱乐节目中主持人的说话方式来锻炼自己的幽默思维，从而提升直播语言的趣味性。

素养小课堂

在与用户沟通时，主播应当按照规范写法和标准含义使用国家通用语言文字，坚持正确舆论导向和价值取向，自觉抵制庸俗网络语言的传播，引导用户文明互动、理性表达，共建健康文明的网络语言环境。

知识窗

与用户沟通的原则

主播在与用户沟通时，应当遵循真诚、礼貌、耐心、尊重和及时回应的原则。

（1）真诚。真诚是一种崇高的道德情感，是主播与用户沟通和交流的前提条件，更是主播取信于用户的基础。在和用户沟通的过程中，主播应当真心诚意、态度诚恳、不说谎话。

（2）礼貌。保持礼貌可以帮助主播树立良好的形象。主播在与用户沟通的过程中，使用礼貌用语可以快速拉近与用户之间的关系，让用户感受到主播的热情与真挚。常见的礼貌用语有请、您、谢谢、对不起等。

（3）耐心。许多初次接触主播的用户可能会有许多疑问，因此主播在与用户沟通时，要耐心回答并积极解决用户的疑问。

（4）尊重。尊重他人是赢得他人尊重的开端。直播时，许多用户会发表自己的观点或看法，主播应当尊重用户，不对其观点或看法做反驳或批评。

（5）及时回应。与一对一沟通不同，在直播间，主播和用户是一对多沟通，并且多通过评论进行交流。为了避免冷落用户、漏回用户评论，主播一定要及时对用户行为和评论做出回应，如及时回复问题、感谢用户的点赞或分享等。

知识窗

活动三　应变能力训练

直播即时性非常强，因此在直播过程中，主播不可避免地会遇到各种各样的突发状况，这就非常考验主播的应变能力。为了提升小艾的应变能力，老李给她介绍了直播常见的突发状况和处理方法，具体如表2-9所示。

表2-9　直播常见的突发状况和处理方法

突发状况		处理方法
技术故障	直播没声音、没画面	及时检查声卡或摄像头等是否存在问题
	直播闪退、黑屏	退出直播程序后重新登录或及时更换直播设备
	直播卡顿、掉线	检查网络信号是否稳定或设备是否出现问题
	商品链接失效或错误	安抚用户，告知用户先停止购买，若无法妥善解决，则直接下架该商品，并完成后续内容的直播
商品问题	商品本身的质量或性能在直播展示时出现问题	及时向用户道歉，如果是已经售出的商品出现了严重的质量问题，要及时联系用户进行退换货处理
	商品的价格出现问题	以真诚的态度向用户表示歉意，与商家协商，并提出合理的解决办法，若无法与商家达成共识，则要迅速终止合作
用户发表负面评论		控制情绪，对无关紧要的评论可以选择无视；如果是用户对商品或直播本身问题的负面评论，主播可以让客服主动联系该用户解决问题
用户提出无理要求		控制情绪，对无关紧要的要求可以委婉拒绝或无视；若发现某一用户多次提出无理要求，可以采取相应的措施，如禁言或投诉至平台等

面对突发状况，主播可以按照以下策略进行处理。

（1）快速反应。快速反应并做出判断，对发生的事件及时表明态度是处理直播突发状况的关键。例如，某直播间的用户请求主播唱一首歌，但是主播开唱时有用户说没有伴奏声音，随后主播赶紧检查，发现没有打开声卡。在调整声卡的同时，主播说："没想到吧！我是为了证明自己没有假唱而故意清唱的，现在你们可以点歌啦！"这就很好地处理了这个突发状况。

（2）真诚致歉。遇到不能化解或无法补救的突发状况时，主播应当主动向用户说明原因，真诚地向用户道歉。在道歉的同时，主播还可以感谢用户对自己的监督与批评，表示自己虚心接受。例如，主播可以说："感谢大家对我的监督，我虚心接受大家的意见。在这里我要特别感谢××及时发现问题并批评指正，我深刻意识到了问题的严重性。同时，我还要对其他支持我的用户一并表达歉意。"

（3）提出解决方案。给用户解释道歉后，主播还要提出解决方案，这样做更容易得到用户的信任与谅解。对于不太严重的错误，可以给用户发红包；对于较严重的错误（如商品问题），除了道歉，还应提供退换货、双倍赔偿等补偿方案。

同步实训

实训一　打造凸显健身主播人设的账号

实训描述

随着《全民健身计划（2021—2025年）》的印发，我国全民健身场地设施逐步增多，人民群众通过健身促进健康的热情日益高涨，健康中国和体育强国的建设迈出新步伐。王悦是一名来自四川成都的应届毕业生，非常热爱健身，掌握了较多健身方面的知识。为了带动更多的人加入健身队伍，她准备毕业后往健身主播的方向发展。表2-10所示为王悦的个人信息。请同学们为她打造一个能凸显其健身主播人设的账号，并通过快手App进行设置。

表2-10　王悦的个人信息

项目	内容	项目	内容
姓名	王悦	性别	女
年龄	20 岁	所在地区	四川成都

续表

项目	内容	项目	内容
兴趣爱好	唱歌、健身、看书、喝茶	特长	乒乓球、游泳、瑜伽

✖ 操作指南

要打造能凸显健身主播人设的账号，可以先确定直播账号的设计方案，再在快手App中按照方案确定的内容进行设置。

第一步 确定直播账号的设计方案

直播账号的设计方案包括名称、头像、简介和背景图等，示例如表2-11所示。请同学们根据示例构思相应的账号信息，然后填入表2-12。

表2-11 账号设计方案示例

项目	设计思路	方案
名称	与健身主播人设相匹配，并加入自己的真实名字，以加深用户对账号和主播的印象	悦悦爱健身
头像	以健身时拍摄的照片作为头像，吸引对健身感兴趣的用户	
简介	通过简单的语言告诉用户该账号所定位的领域，展示账号的特色——分享专业的健身知识和性价比高的健身用品	"全方位分享健身知识和健身好物。健身让生活更美好！"
背景图	以健身器材照片作为背景图，进一步加深用户对账号和主播的印象	

表2-12 账号设计方案

项目	方案
名称	
头像	
简介	
背景图	

第二步 设置快手App直播账号

根据设计方案在快手App中设置直播账号，具体操作如下。

步骤 01 下载并登录快手App，点击界面右下角的"我"选项，打开"我"界面，点击 **完善资料** 按钮。

步骤 02 打开"编辑个人资料"界面，点击"更换头像"按钮 **⊙**，在下方弹出的面板中点击"从相册选取"选项，如图2-22所示。

步骤 03 在打开的界面中选择要作为头像的图片（配套资源：\素材文件\项目二\健身账号头像.jpg）。

步骤 04 进入"头像预览"界面，设置头像的显示效果后，点击 **确定** 按钮，如图2-23所示。

步骤 05 返回"编辑个人资料"界面，点击"昵称"选项，进入"设置昵称"界面，输入账号名称"悦悦爱健身"，点击 **完成** 按钮，如图2-24所示。

图2-22 从相册选取	图2-23 头像预览	图2-24 设置昵称

步骤 06 返回"编辑个人资料"界面，点击"个人介绍"选项，进入"设置个人介绍"界面，输入设计好的简介内容，点击 **完成** 按钮，如图2-25所示。

步骤 07 返回"我"界面，点击 **设置封面** 按钮，在弹出的面板中点击"从相册选取"选项，在打开的界面中选择要作为背景图的图片（配套资源：\素材文件\项目二\健身账号背景图.jpg）。

步骤 08 进入"照片预览界面",确认无误后点击右上角的✓按钮,效果如图2-26所示。

步骤 09 账号设置完成,效果如图2-27所示。

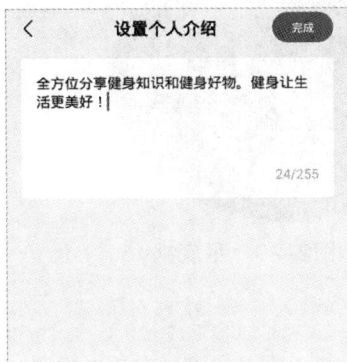

图2-25 设置个人介绍

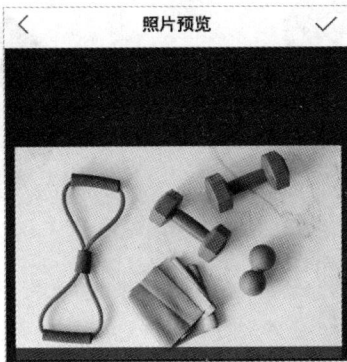

图2-26 预览背景图

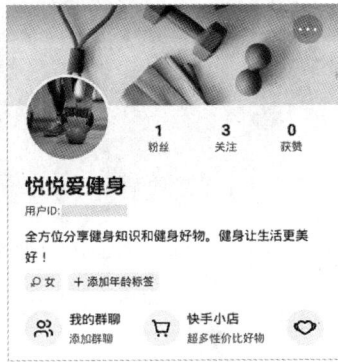

图2-27 账号设置效果

💬 实训评价

同学们完成实训操作后,提交实训报告。实训报告包括账号设计方案和账号主页截图。老师根据实训报告,按表2-13所示内容进行打分、点评。

表2-13 实训评价

序号	评分内容	总分	老师打分	老师点评
1	是否准确地完成了账号设计方案	30		
2	打造的账号是否能凸显人设	30		
3	是否完成了设置账号的操作	40		

最终得分:_____

👤 实训二 应对直播突发状况

📋 实训描述

吴莉莉是某直播平台旗下的助农直播达人。某日,吴莉莉正在为一款手工打造的炒锅进行带货直播。品牌方提供的资料显示,该款炒锅属于传统圆底铁锅,手工锻打而成,无化学涂层,耐高温,图2-28所示为该款炒锅。然而在上架商品时,吴莉莉上架了一款平底锅(见图2-29),用户提醒后她才发现出了错,此时已经有不少用户下单了。请同学们试着帮吴莉莉处理该直播突发状况。

图2-28　炒锅

图2-29　平底锅

⚒ 操作指南

面对直播突发状况时，主播可以按照快速反应—真诚致歉—提出解决方案的步骤进行处理。

第一步　快速反应

一旦出现直播突发状况，主播首先要做的就是快速反应并做出判断。案例中的吴莉莉在发现商品上错架后，应当首先在直播间提醒用户不要再继续下单，并立即下架商品。

第二步　真诚致歉

紧接着，吴莉莉要做的就是向用户致歉，此时不能简单地说一句"对不起"，不然可能会让用户觉得敷衍，然后向用户主动陈述出现失误的原因，最后感谢指出错误的用户。吴莉莉可以这样说："小伙伴们，太抱歉了！我太粗心了，没有仔细核对商品链接，请大家原谅我。在此我还要感谢给我指出错误的小伙伴，不然我就酿成大错了。"

第三步　提出解决方案

解释并道歉后，主播还要提出解决方案。对于案例中的情况，除了下架商品外，吴莉莉还要请下单的用户发起退款。如果用户购买商品后离开了直播间，客服应主动联系用户说明情况，并表示歉意。上架正确的商品后，吴莉莉还可以在行动上补偿用户，如赠送小礼品、发放小额优惠券等。

💬 实训评价

同学们完成实训操作后，老师将根据每位同学的应对方案，按表2-14所示内容进行打分、点评。

表2-14 实训评价

序号	评分内容	总分	老师打分	老师点评
1	是否掌握了处理直播突发情况的步骤	60		
2	能否针对突发情况提出应对方案	40		

最终得分：_____

项目总结

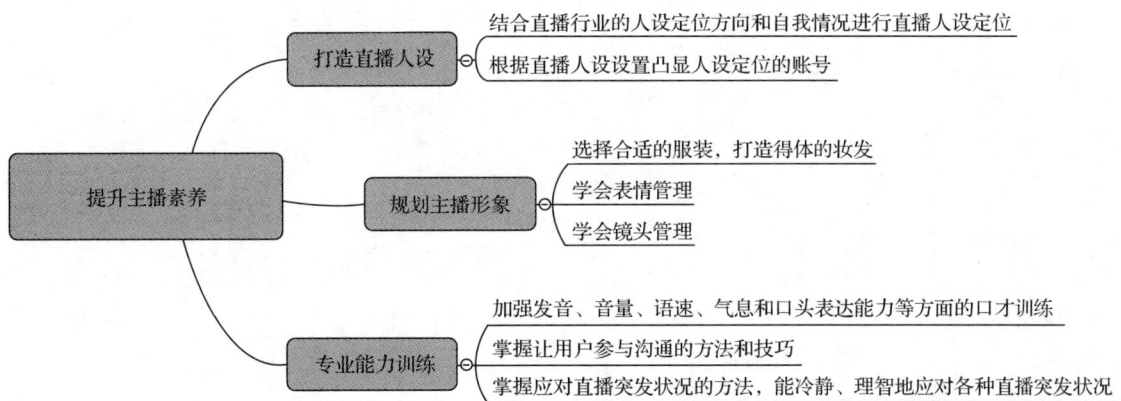

项目三

选择直播商品

情境创设

　　特食味是黑龙江某地的农产品品牌，经营的商品包括大米、红肠、木耳、蜂蜜、芸豆等当地土特产，在全国各地开设线下实体店。为了促进旗下商品的销售，特食味委托特讯运营开展直播销售。

　　由于特讯运营现有的主播大多定位于服装、生活用品、美妆等领域，考虑到小艾的直播人设与特食味更加匹配，老李决定带着小艾完成特食味的直播委托。为了提高直播销量，老李准备先辅助小艾选出直播商品，然后根据商品的信息提炼卖点，并撰写商品销售话术。

知识目标

1. 熟悉直播间选品原则、依据和工具，以及商品来源。
2. 熟悉直播商品结构的规划。
3. 掌握分析商品卖点的方法。
4. 掌握直播商品销售话术。

技能目标

1. 能够独立完成直播商品的选择。
2. 能够根据商品信息提炼商品卖点。
3. 能够设计商品销售话术，促进商品的销售。

素养目标

1. 选择合法合规的直播商品，提升用户消费体验。
2. 引导用户理性消费，提升用户的消费幸福感。

任务一　直播选品

任务描述

老李带着小艾查看了特食味提供的商品表，特食味经营的商品较多，但并不是所有的商品都适合在直播间销售。为了增强直播效果，老李准备让小艾从中选择10款商品作为本次直播销售的商品。

任务实施

活动一　遵循选品原则

直播选品是很多新手主播面临的头等难题，因为选品错误会直接影响直播间的转化率，甚至影响主播的知名度。直播商品不是随意选择的，既不能根据主播的个人喜好来选择，也不能看别的主播卖什么就选什么。一般来说，直播选品的基本要求是商品质量要好，此外还应当遵循以下原则。

（1）符合人设定位。主播及其团队选择的商品要与主播的人设定位匹配。这主要有两方面的原因：一方面，用户关注主播多半是因为其人设定位能满足自己的需求（商品符合人设定位，更能满足用户喜好，因而更能促使用户下单）；另一方面，主播一般对符合自己人设定位的商品较为熟悉，直播时能比较熟练地为用户介绍。图3-1所示分别为健身和生活领域主播的直播间，我们从中可以看出其销售的商品都是符合其人设定位的。

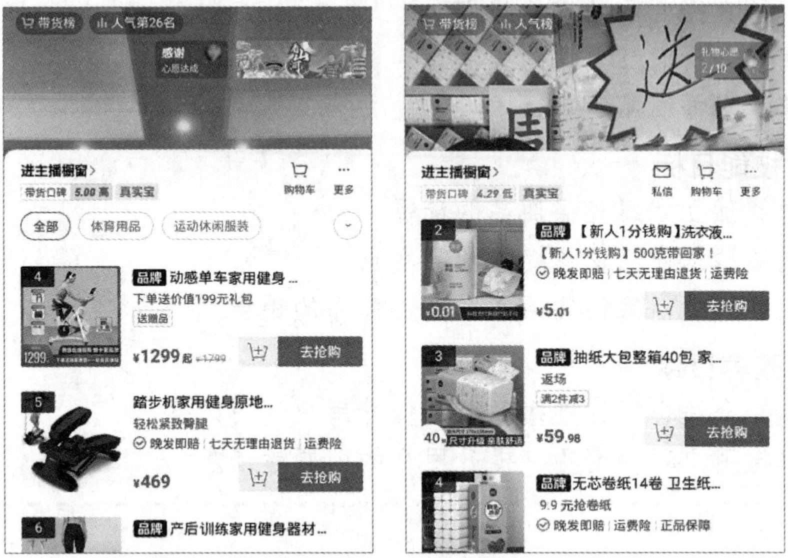

图3-1　选品符合人设定位

为了丰富商品的品类，主播也可以添加一些其他品类的商品，但添加的品类最好与核心品类相关，且占比不要过高，建议不超过20%。

（2）性价比高。性价比高意味着比较划算，不管在哪个直播电商平台，性价比高的商品在直播销售中都更有优势。就直播销售而言，性价比高的商品多为平台低价商品或可以使用大额优惠券、会附赠丰富礼品的商品。图3-2所示为某主播直播间性价比较高的商品。

图3-2　性价比较高的商品

（3）热销。一般来说，热销商品由于自带热度，所以能更快卖出去。因此，直播选品时要重点考虑近段时间的热销商品。当然，不是所有热销商品都适合，主播应当选择与直播人设定位匹配的热销商品。图3-3所示为蝉妈妈统计的抖音中某一日的直播热销商品排行。

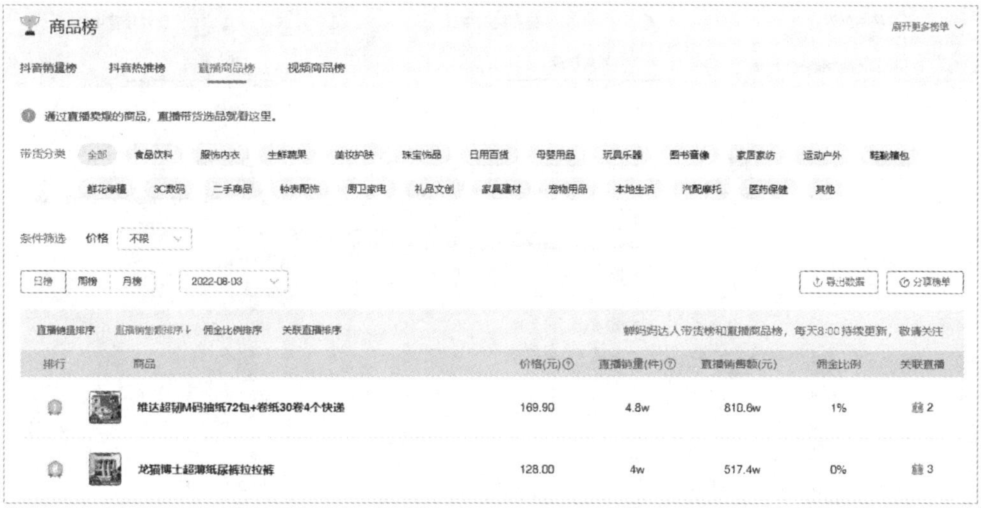

图3-3　抖音中某一日的直播热销商品排行

（4）有质量保证。与线下实体店不同，直播销售时用户基本只能依靠主播的讲解及对主播的信任来选择商品。为了保证商品质量、对用户负责，主播及其团队在选品时要亲自试用商品，排除质量低劣的商品，这样才能让用户买得放心、用得安心。

活动二　确定选品依据

一般来说，无论是商家还是主播，都可以根据粉丝画像、市场趋势、直播人设定位、商品热度等进行选品。

（1）根据粉丝画像选品，即先分析直播账号的粉丝画像，了解粉丝群体的性别、年龄、地域分布，以及兴趣、购物偏好等属性特征，然后在选品时根据粉丝的属性特征挑选能满足粉丝需求的商品。例如，粉丝以男性居多的直播账号，可以多推荐科技数码、游戏设备类的商品；粉丝以女性居多的直播账号，可以多推荐美妆、服饰、美食类的商品。

主播及其团队可以通过直播平台的后台或借助直播数据分析工具来分析粉丝画像。例如，就抖音直播而言，主播及其团队可以通过抖音App的创作者服务中心查看主播的粉丝数据。具体操作方法为：打开抖音App，点击界面底部的"我"选项，在打开的界面中点击右上角的■按钮；在打开的侧边栏中点击"创作者服务中心"选项，进入创作者服务中心，点击"全部分类"按钮；打开"功能列表"界面，点击"内容创作"栏下的"粉丝经营中心"按钮（见图3-4）；打开"粉丝经营中心"界面，在其中查看粉丝性别、年龄、兴趣等详细信息，如图3-5和图3-6所示。

图3-4 点击"粉丝经营中心"按钮

图3-5 查看粉丝性别、年龄

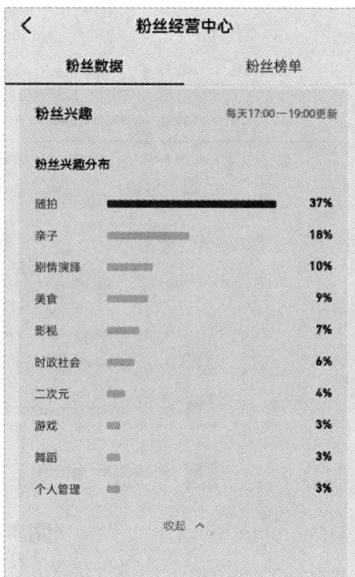

图3-6 查看粉丝兴趣

（2）根据市场趋势选品，即根据市场的需求和某些商品的销售趋势选择商品。例如，就服饰而言，在冬天，羽绒服、毛衣、保暖衣等商品的需求量较大；在夏天，T恤、短裤、凉鞋等商品的需求量较大。要根据市场趋势选择直播商品，可以查阅与人设定位匹配的行业领域的市场调查研究报告，也可以订阅有关市场趋势的媒体内容，时刻关注新发展、新趋势。图3-7所示为抖音官方发布的2021年直播热门品类报告截图，主播可以结合该类报告选择商品。

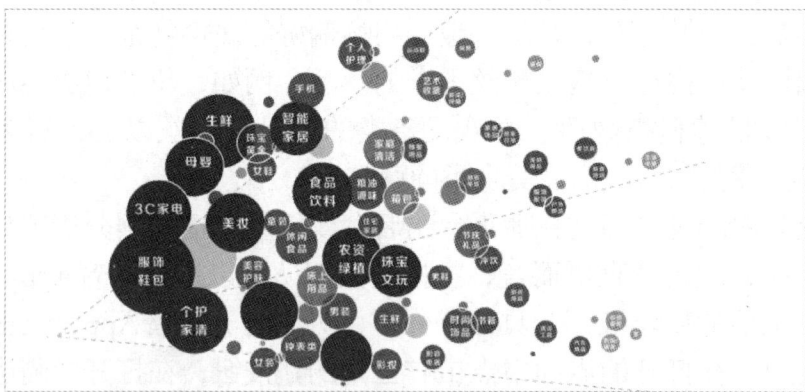

图3-7 抖音官方发布的2021年直播热门品类报告截图

（3）根据人设定位选品。根据人设定位选品不仅是一种原则，也是一种具体的方法。例如，美妆达人可以选择与化妆、护肤等有关的商品，如口红、粉底、眉笔、化妆刷等。

在直播行业中，许多热门主播已经发展成多品类带货主播，但是非热门主播，特别是新手主播，则不适宜进行多品类或跨品类带货。经营垂直内容（坚持输出某一个细分领域的内容）的主播，虽然在选品上会受到一定程度的限制，但根据内容垂直度选品，其目标用户会更加精准。

（4）根据商品热度选品。有热度的商品，也会给直播间带来热度。主播可以选择一些当前比较热门的商品，这样既可以增加直播间的流量和人气，又可以增加直播间的销量。例如，某热播影视剧中的女主角穿了某款连衣裙并吸引了大家的关注，很多主播就迅速抓住这一商机，在直播间上架同款连衣裙，并添加了"××同款"的标题。

就本场直播而言，由于直播商品限制为特食味经营的商品，从粉丝画像、市场趋势等角度来选择直播商品的意义不大。最终，小艾决定根据农产品销售热度，并结合特食味近3个月的商品销售情况来选择本场直播的商品。

活动三　了解商品来源

直播带货的商品来源主要有分销平台、合作商和自营品牌。

（1）分销平台。分销平台主要指淘宝、京东、苏宁易购、唯品会等电商平台。直播带货的商品来自分销平台，主播可以向商家申请样品或购买商品试用，然后在直播间推荐商品。就直播行业而言，许多泛娱乐人设的主播推荐的商品都来自分销平台。销售分销平台的商品操作简单，成本相对较低，主播可以赚取佣金，但佣金不稳定，发货时间、用户体验、商品品质等难以得到充分的保障。

（2）合作商。主播与商家（品牌商、批发商、零售商）合作分为两种情况：一种是商家通过私信或商务联系的方式主动寻求与主播合作；另一种是主播通过对外招商与商家达成合作。与商家合作时，主播应严选商品，使商品的品质有所保障，从而提高直播间的转化率。但对于影响力不大的主播而言，这种直播带货的佣金可能较低。

（3）自营品牌。自营品牌渠道即主播在直播间推荐自己创建的品牌的商品。自营品牌的商品选择由主播自己掌控，但自营品牌成本较高，需要建立成熟的供应链。

本场直播的商品均来源于合作商——特食味，表3-1所示为特食味提供的商品信息。

表3-1　特食味提供的商品信息

商品名称	商品参数	商品特点
长粒香米	产地：黑龙江　　包装：真空包装 净含量：5千克　　保质期：12个月 贮存条件：通风、干燥处	外形均匀、饱满、有光泽，吃起来软糯清甜
红肠	产地：黑龙江　　包装：真空包装 净含量：500克　　保质期：6个月 食用方法：开袋即食	果木熏烤而成，脆爽耐嚼有弹性、肥而不腻
黑木耳	产地：黑龙江　　包装：袋装 净含量：500克　　保质期：18个月 贮存条件：通风、干燥处	卷形自然，泡发率高，人工留种、野外生长，味道鲜美、无异味
白花芸豆	产地：黑龙江　　包装：真空包装 净含量：2千克　　保质期：18个月 贮存条件：避光、干燥处	人工挑选，粒大饱满、大小均匀，有清新豆香
大豆油	产地：黑龙江　　包装：桶装 净含量：5升　　保质期：18个月 贮存条件：阴凉、干燥处	从大豆中提取出来的油脂，呈半透明液体状，有大豆香味；油桶采用激光打码，防止二次利用
黄豆酱	产地：黑龙江　　包装：袋装 净含量：500克　　保质期：12个月 食用方法：开袋即食（胀袋请勿食用） 贮存条件：常温，避免阳光直射	选用黑龙江优质大豆制成，可蘸肉、馒头或作为面条、米饭等的调味酱，美味可口；还可用来制作烤肉酱、火锅底料等
猴头菇	产地：黑龙江　　包装：袋装 净含量：250克　　保质期：12个月 贮存条件：通风、干燥处，避免阳光直射	经过手工层层挑选，大小均匀、茸毛齐全、颜色艳黄，味道鲜美、营养丰富
玉米糙礼盒	产地：黑龙江　　包装：真空包装 净含量：500克×3袋　保质期：18个月 贮存条件：阴凉、干燥处	手工挑选，颗粒饱满、色泽鲜亮，质地细嫩、口感微甘，可用于制作玉米杂粮粥
精品黑米	产地：黑龙江　　包装：真空包装 净含量：350克　　保质期：12个月 贮存条件：阴凉、干燥处	颗粒饱满、色泽鲜亮，可用于制作黑米饭、黑米糕、黑米粥，营养丰富

续表

商品名称	商品参数		商品特点
绿芯黑豆	产地：黑龙江 净含量：400 克 贮存条件：阴凉、干燥处	包装：真空包装 保质期：12 个月	种皮黑亮、仁肉青色；手工挑选，颗粒饱满，浸泡可发芽
红糙米	产地：黑龙江 净含量：450 克 贮存条件：阴凉、干燥处	包装：真空包装 保质期：12 个月	人工细心挑选，纤长饱满、色泽鲜亮、纹路清晰，入口清香、口感甘糯
蜂蜜	产地：黑龙江 净含量：1 千克 贮存条件：阴凉、干燥处	包装：罐装 保质期：18 个月	蜜源是东北大山深处的椴树，甘甜可口、口感细腻，有淡淡的椴花花香
黑糯玉米	产地：黑龙江 净含量：1 千克 贮存条件：阴凉、干燥处	包装：真空包装 保质期：12 个月	个大饱满，口感软糯香甜，富含花青素，呈自然黑色
薏米	产地：黑龙江 净含量：400 克 贮存条件：阴凉、干燥处	包装：真空包装 保质期：18 个月	色泽鲜亮、软糯可口、粒粒饱满，可泡水、煲粥、煎用
大米粉	产地：黑龙江 净含量：2.5 千克 贮存条件：阴凉、干燥处	包装：袋装 保质期：12 个月	以传统工艺磨制，粉质细腻；现磨现发，干净无杂质；可用于制作大米糕
手工挂面	产地：黑龙江 净含量：2 千克 贮存条件：阴凉、干燥处	包装：袋装 保质期：12 个月	选用优质小麦和山泉水制作而成，口感劲道有弹性；呈宽直条，根根分明
燕麦	产地：黑龙江 净含量：2.5 千克 贮存条件：阴凉、干燥处	包装：真空包装 保质期：12 个月	颗粒细长、麦香浓郁、嚼劲十足、饱腹感强，可做健身餐
黄豆	产地：黑龙江 净含量：1 千克 贮存条件：阴凉、干燥处	包装：真空包装 保质期：12 个月	色泽黄亮、豆香十足、颗颗圆润饱满、口感细腻
黄小米	产地：黑龙江 净含量：1.5 千克 贮存条件：阴凉、干燥处	包装：真空包装 保质期：12 个月	色泽金黄、颗粒饱满，不抛光、无染色，吃起来软糯香甜
小黄菇	产地：黑龙江 净含量：500 克 贮存条件：阴凉、干燥处	包装：袋装 保质期：8 个月	朵朵精选、手工剪根，口感嫩滑，味道鲜香

👤 活动四　使用选品工具

主播及其团队在进行直播选品时，为了使选品工作更高效，经常会借助一些选品工具来进行选品，如快选品、蝉妈妈、飞瓜数据、灰豚数据等。小艾准备使用灰豚数据查看特食味20款商品的销售热度，然后结合其提供的近3个月的商品销售情况表选出直播商品。

第一步　查看商品销售热度

步骤 01 在计算机上打开灰豚数据官方网站，注册并登录账号后单击首页的立即使用按钮。

步骤 02 进入灰豚数据工作台页面，在左侧导航栏中选择"商品分析"栏下方的"商品搜索"选项（工作台页面上方可以选择电商平台，此处保持默认的抖系版不变）。

视频

查看商品销售热度

步骤 03 进入直播搜索页面，在顶部的搜索框中依次输入商品信息表中的商品，此处先输入"长粒香米"，然后选择"发现时间"栏的"近90天"选项，在搜索结果中查看长粒香米近90天在抖音中的销售热度，如图3-8所示。

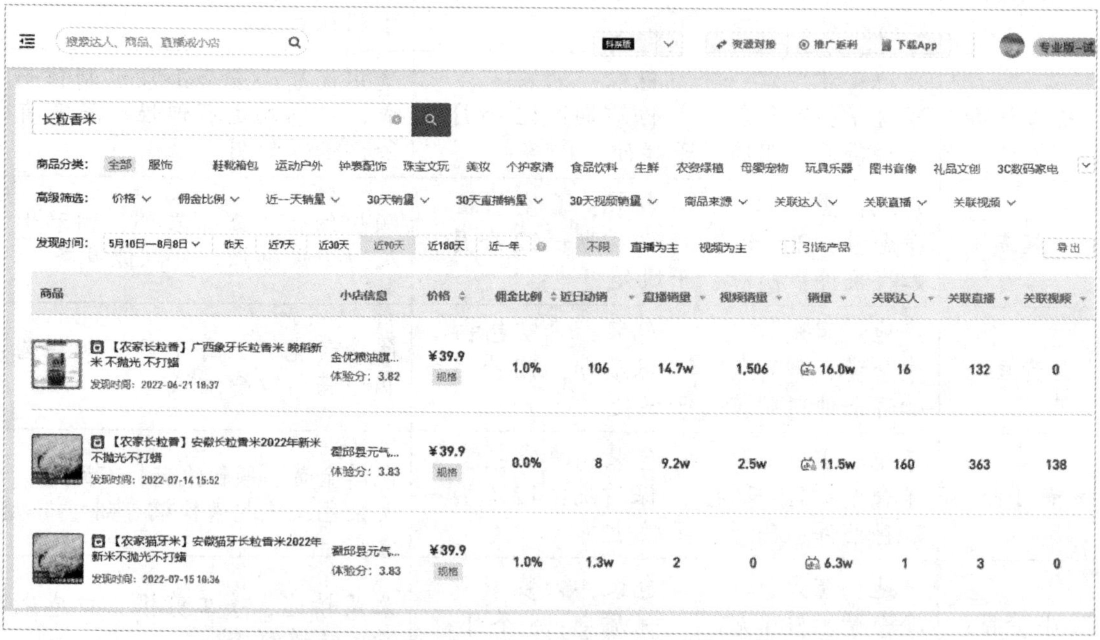

图3-8　长粒香米近90天在抖音中的销售热度

步骤 04　按照相同的方法查看红肠的销售热度，如图3-9所示。

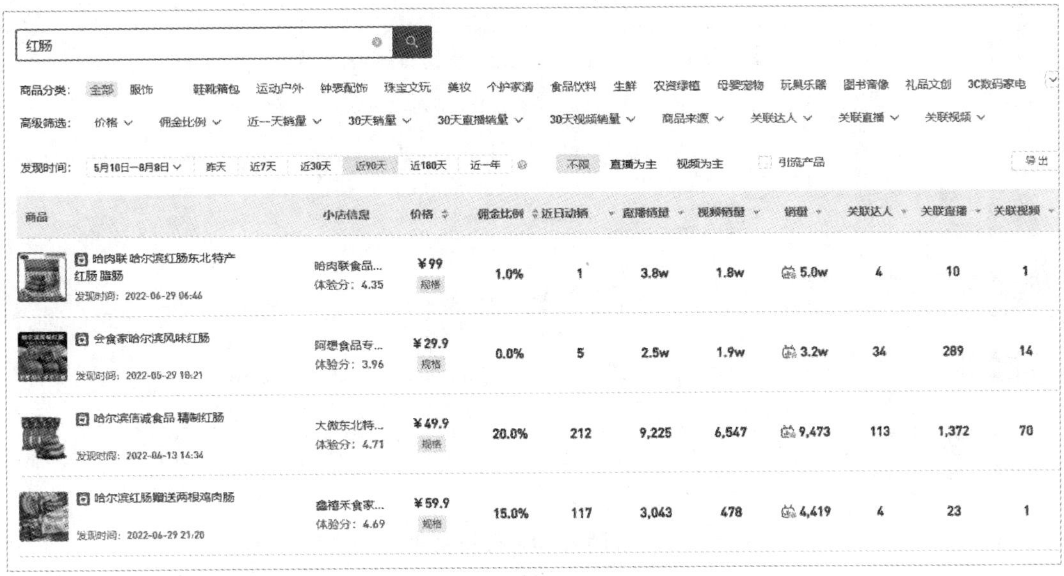

商品	小店信息	价格	佣金比例	近日动销	直播销量	视频销量	销量	关联达人	关联直播	关联视频
哈肉联 哈尔滨红肠东北特产 红肠 腊肠 发现时间：2022-06-29 06:46	哈肉联食品… 体验分：4.35	¥99 规格	1.0%	1	3.8w	1.8w	5.0w	4	10	1
会食家哈尔滨风味红肠 发现时间：2022-05-29 18:21	阿想食品专… 体验分：3.96	¥29.9 规格	0.0%	5	2.5w	1.9w	3.2w	34	289	14
哈尔滨信诚食品 精制红肠 发现时间：2022-06-13 14:34	大微东北特… 体验分：4.71	¥49.9 规格	20.0%	212	9,225	6,547	9,473	113	1,372	70
哈尔滨红肠赠送两根鸡肉肠 发现时间：2022-06-29 21:20	鑫禧禾食家… 体验分：4.69	¥59.9 规格	15.0%	117	3,043	478	4,419	4	23	1

图3-9　红肠近90天在抖音中的销售热度

步骤 05　按照相同的方法查看黑木耳的销售热度，如图3-10所示。

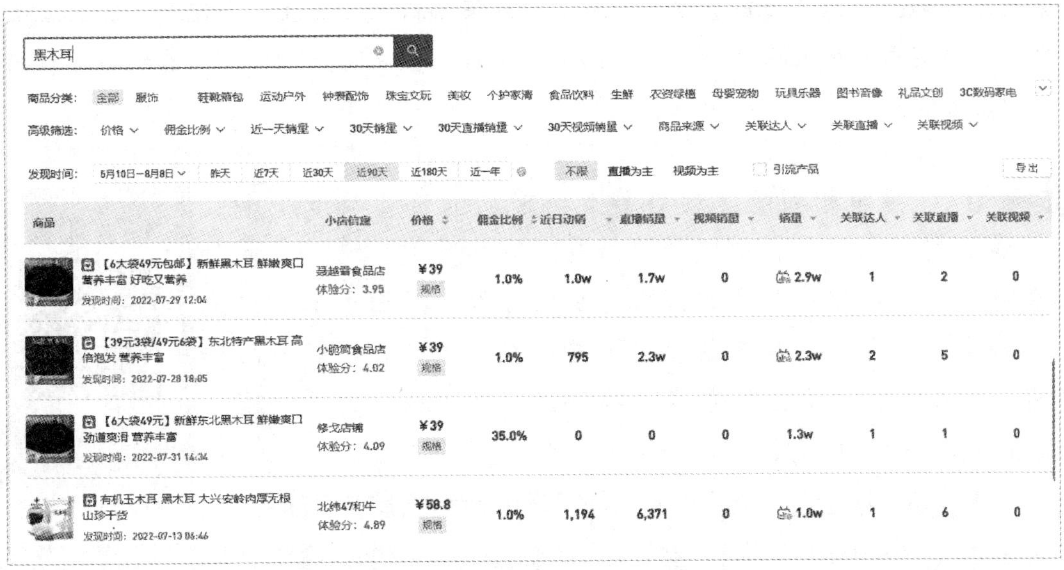

商品	小店信息	价格	佣金比例	近日动销	直播销量	视频销量	销量	关联达人	关联直播	关联视频
【6大袋49元包邮】新鲜黑木耳 鲜嫩爽口 营养丰富 好吃又营养 发现时间：2022-07-29 12:04	聂越霸食品店 体验分：3.95	¥39 规格	1.0%	1.0w	1.7w	0	2.9w	1	2	0
【39元3袋/49元6袋】东北特产黑木耳 高倍泡发 营养丰富 发现时间：2022-07-28 18:05	小脆筒食品店 体验分：4.02	¥39 规格	1.0%	795	2.3w	0	2.3w	2	5	0
【6大袋49元】新鲜东北黑木耳 鲜嫩爽口 劲道爽滑 营养丰富 发现时间：2022-07-31 14:34	修戈店铺 体验分：4.09	¥39 规格	35.0%	0	0	0	1.3w	1	1	0
有机玉木耳 黑木耳 大兴安岭肉厚无根 山珍干货 发现时间：2022-07-13 06:46	北纬47和牛 体验分：4.89	¥58.8 规格	1.0%	1,194	6,371	0	1.0w	1	6	0

图3-10　黑木耳近90天在抖音中的销售热度

步骤 06　按照相同的方法查看白花芸豆的销售热度，但因搜索结果中没有数据显示，便改搜“芸豆特产”，其销售热度如图3-11所示。

图3-11　芸豆特产近90天在抖音中的销售热度

📄 经验之谈

搜索时，输入商品名称可能无法找到想要的结果，此时就可以换一种描述方式。例如，输入"白花芸豆"没有显示结果，输入"芸豆"会显示"芸豆黑咖啡""白芸豆果蔬果冻"等非农产品，而输入"芸豆特产"就可以看到与芸豆相关的销售情况。

步骤 07　按照相同的方法查看剩余商品的销售热度（由于篇幅限制，此处不展示剩余商品的销售热度）。这20款商品在抖音中的销售热度大致排名为长粒香米、黑糯玉米、红肠、蜂蜜、黑木耳、黄豆酱、手工挂面、玉米糙礼盒、精品黑米、黄小米、大豆油、薏米、红糙米、猴头菇、黄豆、燕麦、白花芸豆、绿芯黑豆、大米粉、小黄菇。

相关资料

20款商品的销售热度图

第二步　结合近3个月的商品销售情况表选出直播商品

接着，小艾又从特食味处获取了这20款商品近3个月的销售情况表（包括线上和线下），如表3-2所示。综合灰豚数据上的商品销售热度和近3个月商品销售情况表，小艾最终选择的直播商品有长粒香米、红肠、黑木耳、大豆油、黄豆酱、玉米糙礼盒、蜂蜜、黑糯玉米、手工挂面、黄小米。

表3-2 20款商品近3个月的销售情况表

商品名称	实际销量	实际销售额 / 元
长粒香米	262 500 千克	4 000 000
黑木耳	1 000 千克	700 000
红肠	6 000 千克	600 000
大豆油	16 700 升	234 000
蜂蜜	2 000 千克	232 000
黑糯玉米	9 375 千克	150 000
黄豆酱	3 000 千克	90 000
猴头菇	600 千克	84 000
手工挂面	7 000 千克	70 000
黄小米	3 000 千克	48 000
薏米	2 000 千克	39 600
玉米楂礼盒	6 000 千克	36 000
精品黑米	4 000 千克	32 000
黄豆	2 000 千克	24 000
红糙米	1 710 千克	24 000
绿芯黑豆	150 千克	21 000
大米粉	2 000 千克	16 000
燕麦	1 000 千克	13 000
白花芸豆	300 千克	7 200
小黄菇	30 千克	5 400

👤 活动五　规划直播商品结构

选择好商品以后，主播及其团队就要考虑在直播中讲解商品的顺序，也就是进行直播商品结构规划。根据商品的性质，主播及其团队可以将其分为4种类型，即印象款商品、引流款商品、活动款商品和利润款商品，具体如表3-3所示。

表3-3　直播商品结构规划

类型	说明	示例
印象款商品	促成直播间第一次交易的商品。一般来说，实用且人群覆盖面广的商品适合作为印象款商品。印象款商品占比不能过高，以10%～20%为宜	服装穿搭类直播中，可以选择打底衫、腰带等作为印象款商品
引流款商品	用来帮助直播间吸引并留住用户的商品。可以选择高性价比、低客单价的常规商品作为引流款商品	1元包邮、9.9元包邮、19.9元包邮的商品等
活动款商品	用来做活动的商品。一般是面向直播间粉丝发放的福利商品，即直播间的用户只有关注主播账号或加入主播的粉丝团以后，才有机会抢购，所以活动款商品也被称作"宠粉款"商品	对于原价为99元的商品，用户关注主播账号并加入粉丝团后花29.9元即可购得
利润款商品	可以实现盈利的商品。盈利模式是将主推商品与其他低价商品进行组合，通过主推商品实现盈利。利润款商品可以分为商品单品利润款商品和组合利润款商品。前者是主推一款商品，常附赠一些小商品；后者是将几款商品组合推荐	单品利润款商品多以"69元买1送1""169元买1发3"等形式出现；组合利润款商品多以套装的形式出现

表3-4所示为特食味提供的10款直播商品的定价。结合该表，小艾规划了本场直播的商品结构，具体如表3-5所示。

表3-4　10款直播商品的定价

商品名称	直播定价
长粒香米	79元/袋，129元发2袋
红肠	59.9元/袋，买3袋发4袋
黑木耳	58.8元/袋，99.9元发2袋
大豆油	70元/桶，粉丝可享受49.9元/桶的优惠价
黄豆酱	9.9元/袋
玉米糙礼盒	5.9元/盒
蜂蜜	129元/罐，买5罐送1罐
黑糯玉米	18.8元/袋
手工挂面	19.9元/袋
黄小米	25元/袋，粉丝可享受19.9元/袋的优惠价

表3-5　特食味直播商品结构规划

类型	选择的商品	理由
印象款商品	黑糯玉米、手工挂面	黑糯玉米、手工挂面属于大众商品，单价也不高，能被多数用户接受
引流款商品	黄豆酱、玉米糁礼盒	直播间价格很低，用户很可能会抱着买来试一试的心态下单
活动款商品	大豆油、黄小米	属于粉丝福利商品，有粉丝专属价格
利润款商品	蜂蜜、长粒香米、红肠、黑木耳	客单价相对较高，且销售情况较好，有助于实现盈利

💡 知识窗

客单价是每位用户平均购买商品的金额，即平均交易金额。客单价的计算公式为：客单价=成交金额÷成交用户数，或客单价=笔单价×人均交易笔数。例如，某直播间共有100位用户购买了商品，成交总额为12 000元。其中，90位用户分别成交了1笔订单，10位用户分别成交了3笔订单。那么，该直播间的客单价为：12 000÷100=120（元），或[12 000÷（90+30）]×[（90+30）÷100]=120（元）。通常，客单价可以分为3个档次，即低客单价、中客单价和高客单价。就直播销售而言，一般可以认为低客单价的商品价格在50元以下，中客单价的商品价格为50～100元，高客单价的商品价格在100元以上。

💡 知识窗

任务二　分析商品卖点

任务描述

在小艾选择的直播商品通过特食味的审核后，老李又交给她一项重要工作——分析直播商品的卖点。老李告诉小艾，在直播销售过程中，主播需要针对用户需求，围绕商品卖点对商品进行立体化的介绍和推广，因此准确分析商品的卖点至关重要。小艾对特食味的直播商品不是很熟悉，于是准备先收集直播商品相关的信息，然后从商品信息中提炼商品卖点。

任务实施

活动一　收集商品信息

商品信息主要包括两方面的内容：一方面是品牌价值优势，如品牌历史、品牌知名度及品牌商业地位，如图3-12所示；另一方面是商品的核心竞争力，包括商品的功能价值、价格优势与服务体验优势等。

图3-12　品牌价值优势

一般来说，合作商大多会提供商品信息表，但是其提供的内容可能比较简单。除了查看合作商提供的商品信息表外，主播及其团队还可以查看其官方网站及官方网店的商品详情页、用户评价等，收集更多关于商品质量与口碑、价格与优惠、使用效果等方面的信息。

利用多种信息收集渠道，小艾收集了10款直播商品的商品详情页和用户评价等信息。图3-13所示为特食味长粒香米的商品详情页部分截图，图3-14所示为用户评价部分截图。

自然湖泊　水质清澈　土壤肥沃

不可复制的土地
北纬45°的黑土地带含有丰富矿物质、有机物质

不可复制的水源
拉林、牤牛双河夹流形成天然水稻田水量充沛 水质优良

不可复制的气候
地处第二积温带昼夜温差大、生产周期长

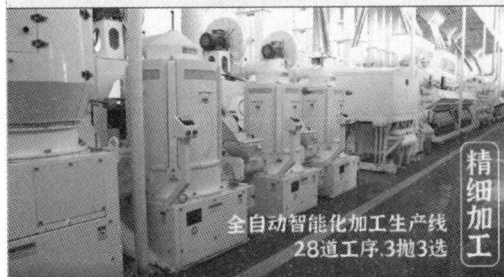

精细加工
全自动智能化加工生产线
28道工序,3抛3选

淡淡饭香 回味甘甜

产品参数
颗粒饱满　色泽清白　饭粒油亮　香味浓郁
一口就爱上的长粒香米

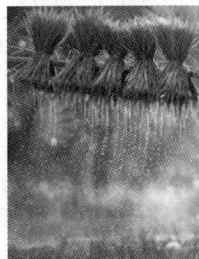

产品重量	5千克/袋
保质期	365天
食品等级	一级
健康指数	★★★★★
贮存方法	阴凉、干燥、通风处

产品细节
颗粒饱满　色泽清白　饭粒油亮　香味浓郁
一口就爱上的长粒香米

颗粒饱满

超长生长期158～170天　日照时间2768小时　年平均无霜期282天　年平均降水量2651毫米

人工种植
遵循古法工艺　结合现代科技
一口就爱上的长粒香米

颗粒饱满、质地坚硬、香味浓郁

图3-13　特食味长粒香米的商品详情页部分截图

我觉得口感还不错 吃了快半个月
07.21
购买规格：1件　　共***来（匿名）

口感不错 会回购
07.20
购买规格：1件　　a***琪（匿名）
超级会员

第二次购买了 挺好吃的 比30元一包的好吃
08.05
购买规格：1件　　w***6（匿名）
超级会员

这个米很好吃 吃过一次就一直回购 味道很好
06.04
购买规格：1件　　橙***c（匿名）
超级会员

软糯香甜 美味可口
06.17
购买规格：1件　　t***5（匿名）
超级会员

多次购买了 质量很好
06.12
购买规格：1件　　t***9（匿名）

图3-14　用户评价部分截图

相关资料
10款直播商品的商品详情页和用户评价部分截图

👤 活动二　提炼商品卖点

所谓卖点，即商品突出的、与众不同的特点，它代表了商品的核心竞争力，使商品与其他同类商品形成明显区分。提炼商品卖点的方法很多，常用的有商品属性提炼法和九宫格思考法。

（1）商品属性提炼法。商品属性提炼法即根据商品属性来提炼卖点，其中，商品属性主要包括价值属性、形式属性、期望属性和延伸属性，具体如表3-6所示。

表3-6　商品属性提炼法

属性	说明	示例——长粒香米
价值属性	商品的使用价值，是商品本身具有的能够满足用户需求的属性	软糯香甜
形式属性	能够展现商品品质的属性，包括质量、外形、手感、体积、包装等	颗粒饱满、晶莹剔透

续表

属性	说明	示例——长粒香米
期望属性	能够满足用户期望的一系列卖点，如除了洗衣机具有的洗涤、甩干等功能外，有些用户还希望其具有烘干、消毒等功能	营养安全、人工种植
延伸属性	商品的附加价值，如品牌、荣誉、服务、承诺等	7天无理由退换货、精细加工

（2）九宫格思考法。九宫格思考法是一种有助于思维扩散的方法。在实际工作中，九宫格思考法也可以用来提炼商品卖点，其操作步骤如下。

① 拿一张白纸，先画一个正方形，然后用笔将其分割成9个大小相等的格子（这9个格子被称为"九宫格"），再将主题（商品名称等）写在正中间的格子内。

② 将与主题相关的、可帮助此商品销售的众多商品优点写在周围的8个格子内。

③ 反复思考、自我辩证，查看这些优点是否有必要、明确，且是否有重合，一直修改到满意为止。

图3-15所示为利用九宫格思考法为特食味长粒香米提炼的卖点。

颗粒饱满	香味浓郁	人工种植
晶莹剔透	长粒香米	精细加工
质地坚硬	软糯香甜	营养安全

图3-15　利用九宫格思考法为特食味长粒香米提炼的卖点

🔲 经验之谈

利用九宫格思考法提炼出的商品卖点较多，就直播销售而言，可以保留并强化商品的2～4个卖点。一般来说，主播若选择从合作商处获取商品，合作商会提供商品卖点；主播若通过分销平台获取商品，则需要自行提炼商品卖点。

动手做

提炼商品卖点

1. 利用图3-14右侧二维码中提供的信息，在剩余的9款商品中任选1款，使用九宫格思考法提炼商品卖点。

2. 图3-16所示为某品牌厨房用品的商品详情页，请利用商品属性提炼法为其提炼卖点。

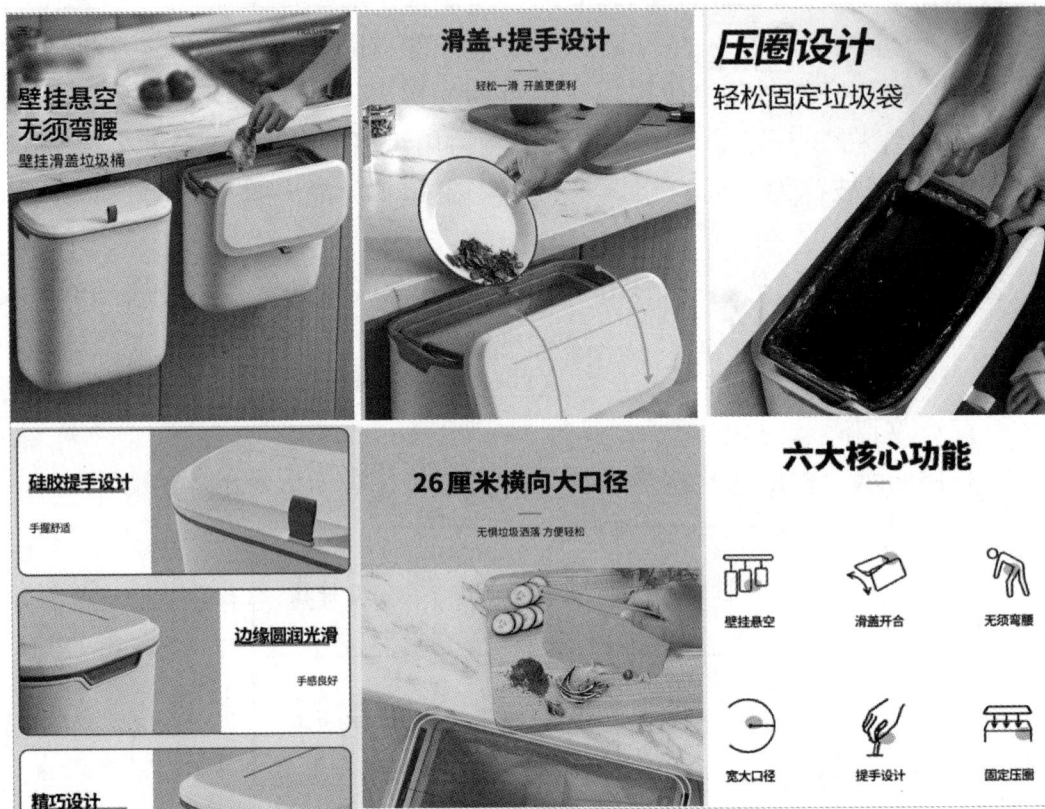

图3-16　某品牌厨房用品的商品详情页

任务三　准备直播商品销售话术

任务描述

直播商品销售话术即在直播场景中的说话技巧。老李告诉小艾，所谓直播商品销售话术，实际就是展现商品卖点、促进用户下单的话语。在小艾提炼好商品卖点后，老李准备以其为基础，带着小艾设计有吸引力的商品介绍话术和引导下单话术，以提升直播效果。

任务实施

活动一　商品介绍话术

商品介绍话术的作用是让用户了解商品并产生购买商品的欲望。在设计商品介绍话术时，主播及其团队可以使用FABE法则。FABE法则是比较有名的销售法则，即属性（Feature）、作用（Advantage）、益处（Benefit）和证据（Evidence）法则。表3-7所示为FABE法则的详细解释。

表3-7　FABE法则的详细解释

组成	说明
属性（Feature）	商品的特征，主播主要从商品的材质、制作工艺、体积、功能、成分等角度入手介绍商品
优势（Advantage）	由商品特征衍生的优势，主播需要说明商品独特的卖点
益处（Benefit）	商品能带给用户的利益，主播需以用户利益为中心，激发用户的购买欲望，应当用形象、场景化的语言来帮助用户理解
证据（Evidence）	包括商品的成分列表、专利证书、实验数据、销量、用户评价、行业对比数据等

表3-8所示为小艾利用FABE法则为特食味长粒香米设计的介绍话术。

表3-8　利用FABE法则为特食味长粒香米设计的介绍话术

组成	示例
属性（Feature）	"不知道小伙伴们平常是如何挑选大米的呢？今天我给大家带来了一款在黑龙江非常有名的大米——特食味长粒香米。这款大米的种植基地在我国的黑土区，那里的土壤非常肥沃，并且这款大米采用的是传统的人工种植方式，严格控制了化肥的用量。另外，为保证每一颗大米的质量，它还经过了28道工序。"（从商品的种植地、种植和加工方式引入，让用户对商品留下深刻的印象）
优势（Advantage）	"种植基地独特的土壤和气候环境，以及独特的种植和加工方式，让这款大米颗粒饱满，晶莹剔透，闻起来有一股很香的味道。"（引入商品卖点）

组成	示例
益处（Benefit）	"之前我买的一款大米，吃起来很硬，而且还有沙，每次煮饭前都要仔细筛选一遍。镜头拉近点儿给大家看看，这款大米是不是非常饱满、有光泽？为了给大家展示，我今天还提前煮了一锅，煮的时候直播间都弥漫着一股米饭香。这一碗是我刚刚盛出来的米饭，给大家看看，大米煮熟之后看起来非常松软。我再帮大家尝一尝，吃起来软糯略黏，吃下去之后回味是甜的，非常好吃！"（用具体的场景化描述凸显商品特点，激发用户的购买欲）
证据（Evidence）	"在直播间购买食用型的商品，一定要注意安全问题。大家不用担心，这款大米拥有专业机构的检测报告，请大家放心购买。"

👤 活动二　引导下单话术

直播带货的最终目的是促使用户下单购买商品，促进商品转化，而这需要借助引导下单话术。通常来说，引导下单话术的设计要点主要有以下几个。

（1）打消用户顾虑。对于直播间的商品，用户只能看到却摸不到，在下单前难免会有顾虑。因此，主播在设计引导下单话术时，可以讲述本人、朋友或同事等试用的经历，取得用户的信任，如"我和我的家人都特别喜欢吃这款大米，我一次买了好几袋，这是购买订单，给大家看看"。

一般来说，用户的顾虑会通过其提出的问题显示出来。例如，某服装主播正在介绍某款连衣裙，用户可能会提问："这款连衣裙会不会有色差？"那么在设计引导下单话术时，主播就应当打消用户关于色差的顾虑，如"××小伙伴，我们直播间并没有使用滤镜，但是因为环境和显示器色彩饱和度等的差异，屏幕上的显示效果与实物可能会有一些色差。不过，这种色差非常小，您可以放心下单！收货后，如果您认为色差很大，我们可以为您免费退换"。

（2）制造稀缺感和紧迫感。制造稀缺感和紧迫感是利用用户"怕买不到"的心理促进用户快速下单。例如，某主播说："小伙伴们，这款羽绒服库存数量不多了，不要再犹豫啦！"在直播间中，许多主播会使用一些限定词来制造稀缺感和紧迫感，如"只剩200件"等。

（3）提供优惠。很多用户在直播间购买商品时都希望买到性价比高的商品，因此主播在设计引导下单话术时，可以通过展示商品原有的价格让用户感受到商品的价值，再把商品在直播间的优惠价格报给用户。这样能让用户更直观地感受到优惠，从而快速下单。

表3-9所示为常见的引导下单话术。小艾综合引导下单话术设计要点和常见的引导下单话术，为特食味长粒香米设计了引导下单话术，具体如表3-10所示。

表3-9　常见的引导下单话术

序号	引导下单话术
1	我自己也在用这款商品，真的特别好用
2	这款商品的库存不多了，喜欢的小伙伴们抓紧购买
3	这款商品之前在××（平台）卖了10万套
4	购买我家的商品，如果买贵了，15天内可以退差价，退货时免运费
5	促销活动快结束啦，没有下单的小伙伴们赶紧下单，直播结束后就没有优惠啦
6	这次活动的优惠力度真的很大，买两套非常划算，错过就可惜了
7	这款商品在××旗舰店的价格是一瓶99元，今天在直播间买一送一，99元可以买到两瓶
8	××旗舰店的价格是一瓶69元，今天小伙伴们在直播间买两瓶直接减69元，相当于买第一瓶要69元，买第二瓶不花钱。如果小伙伴们再加10元，我再送一瓶喷雾

表3-10　特食味长粒香米的引导下单话术

序号	引导下单话术
1	我已经买了这款大米，真的很不错，小伙伴们放心下单吧
2	这款大米之前在××（平台）的月销量达上万袋，用户一致好评
3	这款大米平时一袋的售价是99元，小伙伴们今天在直播间只要花129元就可以购买两袋回家，真的非常划算
4	如果有小伙伴买回家后觉得与在直播间看到的不一样，品牌提供7天无理由退换服务，只要商品完好无损，就免运费退换

知识窗

按照直播销售的一般流程，话术可以分为开场话术、互动话术、商品介绍话术、引导下单话术、直播结束话术。因此，除了设计商品介绍话术、引导下单话术外，主播还需要设计开场话术、互动话术和直播结束话术。

（1）开场话术。开场话术是直播开场时主播要说的话。开场时，主播不仅要进行自我介绍，还要调动用户的情绪，点燃直播间的气氛。另外，开场时，主播还可以说出本次直播的利益点，引导用户关注直播账号，分享直播间。表3-11所示为常见的开场话术。

表3-11 常见的开场话术

序号	开场话术
1	大家好，我是新手主播××，今天是我直播的第×天，感谢大家对我的支持
2	大家好，我是××，欢迎大家来到××直播间！上次直播后品牌商给了很多试用装，我打算在本次直播中送给大家，到时我会发口令，然后截图抽奖送给大家哦
3	大家好，欢迎大家来到××直播间！刚进直播间的小伙伴们记得点左上角关注直播间哦！我们的直播间会不定期发送红包，点关注不迷路哦
4	大家好，欢迎大家来到××直播间！刚进入直播间的小伙伴们一定要先关注主播账号成为粉丝，待会儿才可以抢满200元减30元的优惠券哦

（2）互动话术。互动话术主要是为了引导用户积极互动，使直播间始终保持活跃的氛围。在设计互动话术时，使用提问方式能很好地引导用户开启互动。例如，"夏天到了，有没有头发爱出油的姐妹？有的请在屏幕上打'1'。""最近我看到好多人在挑战15秒画眼线，评论区有人说这不可能做得到，今天我用我手上的这款眼线笔来参与挑战，大家想看吗？"。

（3）直播结束话术。直播结束话术用于整场直播的结尾部分，在直播结束前，主播可以总结整场商品、进行下期预告、感谢观看直播的用户。例如，"好了，还有5分钟就要下播了，非常感谢小伙伴们今天的陪伴和支持，最后和大家说一下，明天同一时间直播，有你们想要的××，一定要记得准时观看哦！"。

需要注意的是，直播话术不能死记硬背，因为直播现场存在变数。运用直播话术的关键是随机应变。主播应积累直播经验，形成自己的一套完整的直播话术，与用户建立信任关系，更好地满足用户的需求。

知识窗

> **素养小课堂**
>
> 　　在设计直播商品销售话术时，主播及其团队应当向用户传递合理消费的价值观，自觉抵制违反法律法规、有损网络文明、有悖网络道德、有害网络和谐的行为。另外，直播商品应当是合法合规的，主播及其团队不得推销法律、行政法规禁止网上销售的商品，如烟花、爆竹、鞭炮等易燃易爆物品。

同步实训

实训一　利用蝉妈妈选品

实训描述

　　近年来，为鼓励毕业生就业创业，我国实施了许多助力毕业生灵活就业和创新创业的措施，并开展了许多就业技能培训。李佳是市场营销专业的一名应届毕业生，平时非常喜欢研究穿搭，并在抖音中发布了许多有关穿搭的短视频。临近毕业，李佳决定将兴趣爱好发展为职业——成为一名服装带货主播。在参加了许多与直播相关的培训后，李佳准备尝试在抖音中直播销售淘宝等分销平台中的商品。请同学们使用蝉妈妈查看抖音上"服饰内衣—女装"商品分类中，佣金比例为"10%～20%"、抖音销量为"≥2000"、客单价为"50～200元"的服装直播带货情况，选出合适的女装并将其添加至账号的橱窗。

操作指南

　　蝉妈妈是知名的直播电商数字营销服务平台，整合了抖音、小红书中高佣金的热门商品和达人资源，可以为商家和达人进行精准匹配，以提升直播销售转化率。同学们可参考如下步骤利用蝉妈妈进行选品。

视频

利用蝉妈妈选品

步骤 01　在计算机上打开蝉妈妈官方网站，在主页左上角选择"抖音版"选项，单击右上角的 注册/登录 按钮。

步骤 02　在打开的页面中单击"短信登录/注册"选项卡，输入手机号码和验证码，单击 注册/登录 按钮。

步骤 03　登录成功后，将鼠标指针移到页面上方的"商品"选项卡上，在打开的列表中选择"商品库"选项，如图3-17所示。

图3-17　选择"商品库"选项

步骤 04　打开"商品库"页面，将鼠标指针移到"带货分类"栏中的"服饰内衣"选项上，在打开的列表中选择"女装"选项，如图3-18所示。

图3-18　选择"女装"选项

步骤 05　在"条件筛选"栏中将"佣金比例"设置为"10%～20%"，筛选分销佣金比例为10%～20%的商品；将"抖音销量"设置为"≥2000"，筛选在抖音上销量较高的商品；将"价格"设置为"50～200元"，筛选价格为50～200元的商品。图3-19所示为设置后效果。

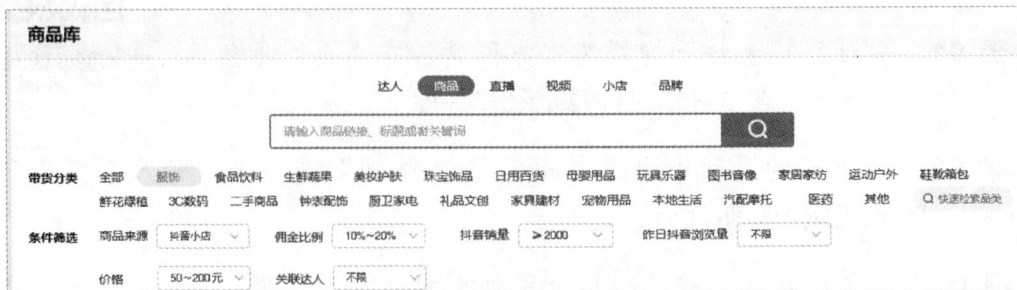

图3-19　设置后效果

步骤 06 在"带货"栏中单击"直播带货为主"选项卡,在"每日持续更新抖音数据"右侧选择"7天"选项,查看7天内女装的直播销售情况。

步骤 07 在页面下方的搜索结果列表中浏览商品信息,寻找所需商品,如图3-20所示,此处单击"商品"列中第一款商品的缩略图或标题超链接。

图3-20 浏览商品信息

步骤 08 打开商品详情页面,如图3-21所示,查看商品名称、分类、价格、佣金比例等。查看商品详细信息后,主播可以综合分析该商品的优劣势、目标用户和销量走势等情况,判断该商品是否适合在直播间销售。

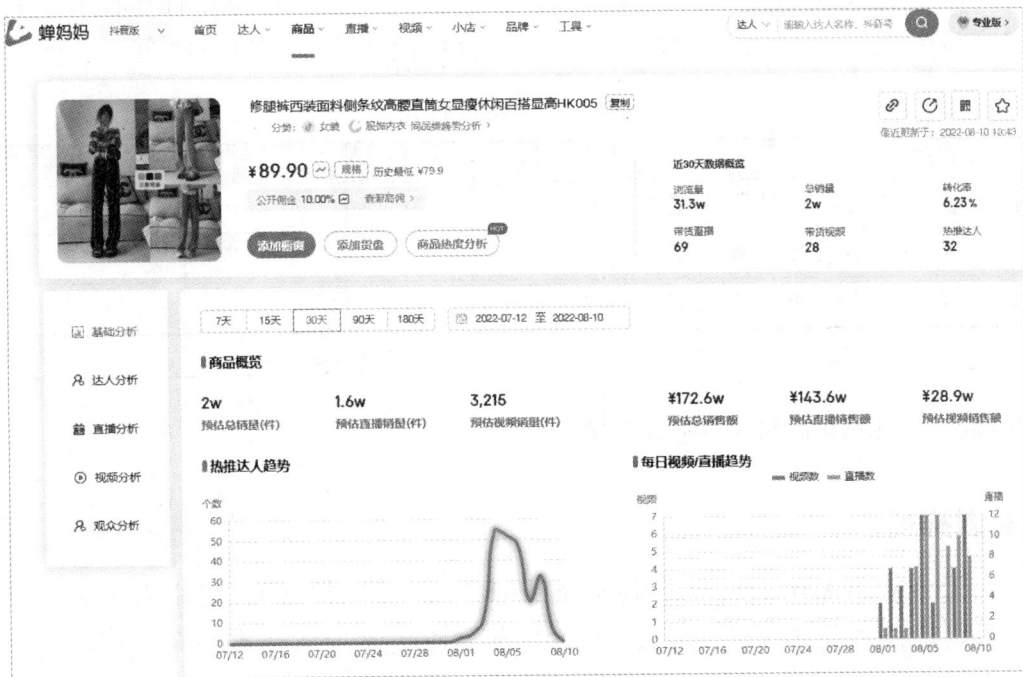

图3-21 商品详情页面

步骤 09 如果确定要在直播间为该商品带货，可单击页面上方的 添加橱窗 按钮，在打开的对话框中单击 +添加抖音号 按钮（见图3-22），在打开的页面使用抖音App扫描二维码，进行抖音账号登录授权。

步骤 10 抖音账号添加成功后，将自动返回"将商品添加至达人橱窗"对话框，单击选中抖音号前的单选项，单击 确认 按钮（见图3-23），即可将商品添加至账号的橱窗。

图3-22 单击"添加抖音号"按钮

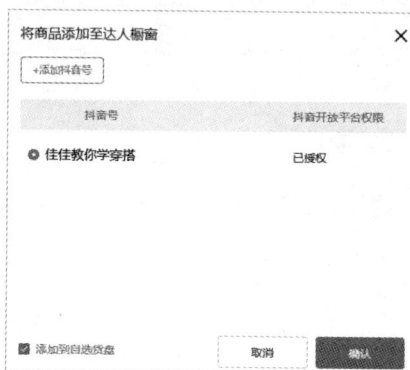

图3-23 单击"确认"按钮

💬 **实训评价**

同学们完成实训操作后，提交实训报告。实训报告包括操作截图和选择该直播商品的原因。老师根据实训报告，按表3-12所示内容进行打分、点评。

表3-12 实训评价

序号	评分内容	总分	老师打分	老师点评
1	能否使用蝉妈妈快速完成选品	30		
2	是否按要求找到所需商品	30		
3	是否有清晰的选品想法和思路	40		

最终得分：＿＿＿＿＿＿

👤 **实训二 提炼智能扫地机器人卖点**

📋 **实训描述**

人工智能（Artificial Intelligence，AI）也叫机器智能，是由人工制造的系统所表现出来的智能。近年来，我国的人工智能逐步从技术创新向实际应用落地，走进人们的日常生活，市面上出现了各种人工智能产品，如智能客服机器人、下棋机器人、扫地机器人等。张磊是一名带货主播，计划在下场直播中推荐一款扫地机器人，图3-24所示为该扫地机器人的商品详情页部分截图。请同学们使用九宫格思考法为该扫地机器人提炼卖点。

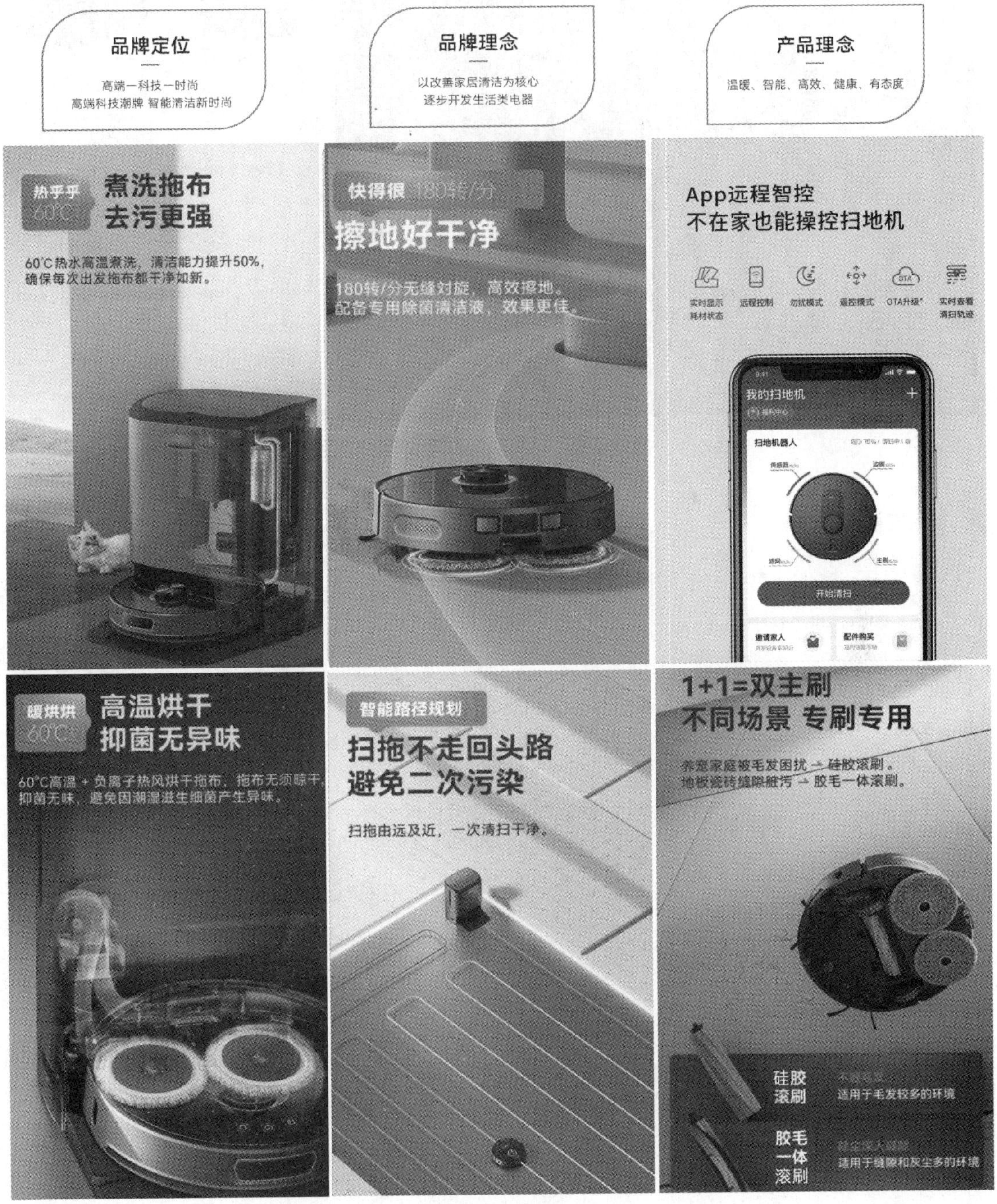

品牌定位

高端—科技—时尚
高端科技潮牌 智能清洁新时尚

品牌理念

以改善家居清洁为核心
逐步开发生活类电器

产品理念

温暖、智能、高效、健康、有态度

热乎乎 60℃
**煮洗拖布
去污更强**

60℃热水高温煮洗，清洁能力提升50%，确保每次出发拖布都干净如新。

快得很 180转/分
擦地好干净

180转/分无缝对旋，高效擦地。配备专用除菌清洁液，效果更佳。

**App远程智控
不在家也能操控扫地机**

实时显示耗材状态　远程控制　勿扰模式　遥控模式　OTA升级*　实时查看清扫轨迹

暖烘烘 60℃
**高温烘干
抑菌无异味**

60℃高温 + 负离子热风烘干拖布，拖布无须晾干，抑菌无味，避免因潮湿滋生细菌产生异味。

智能路径规划
**扫拖不走回头路
避免二次污染**

扫拖由远及近，一次清扫干净。

**1+1=双主刷
不同场景 专刷专用**

养宠家庭被毛发困扰 → 硅胶滚刷。地板瓷砖缝隙脏污 → 胶毛一体滚刷。

硅胶滚刷　不缠毛发　适用于毛发较多的环境
胶毛一体滚刷　除尘深入缝隙　适用于缝隙和灰尘多的环境

图3-24　扫地机器人的商品详情页部分截图

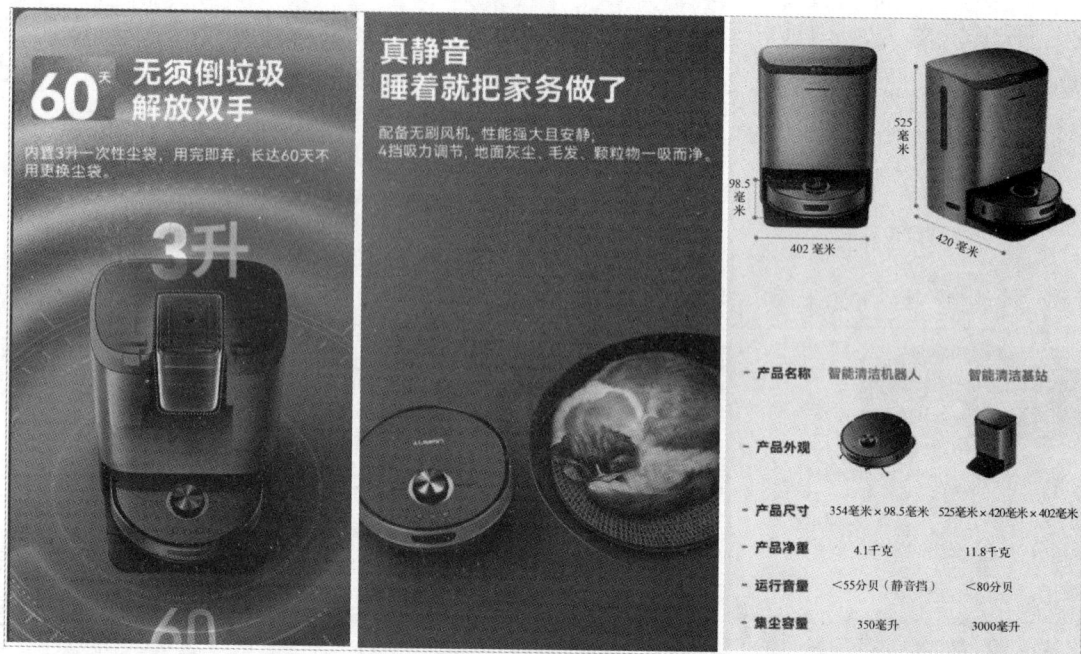

图3-24　扫地机器人的商品详情页部分截图（续）

✖ 操作指南

图3-25所示为利用九宫格思考法为该扫地机器人提炼的卖点示例，请同学们参考该示例填写图3-26。

高温烘干拖布	静音	抑菌
扫得快	扫地机器人	智能规划路径
改善生活	远程智控	专刷专用

图3-25　扫地机器人卖点示例

	扫地机器人	

图3-26　扫地机器人卖点

💬 实训评价

同学们完成实训操作后提交九宫格图，老师根据九宫格图，按表3-13所示内容进行打分、点评。

表3-13　实训评价

序号	评分内容	总分	老师打分	老师点评
1	是否了解使用九宫格思考法提炼商品卖点的操作步骤	40		
2	能否快速完成九宫格图	20		
3	提炼的卖点是否准确、无重复	40		

最终得分：_____

项目总结

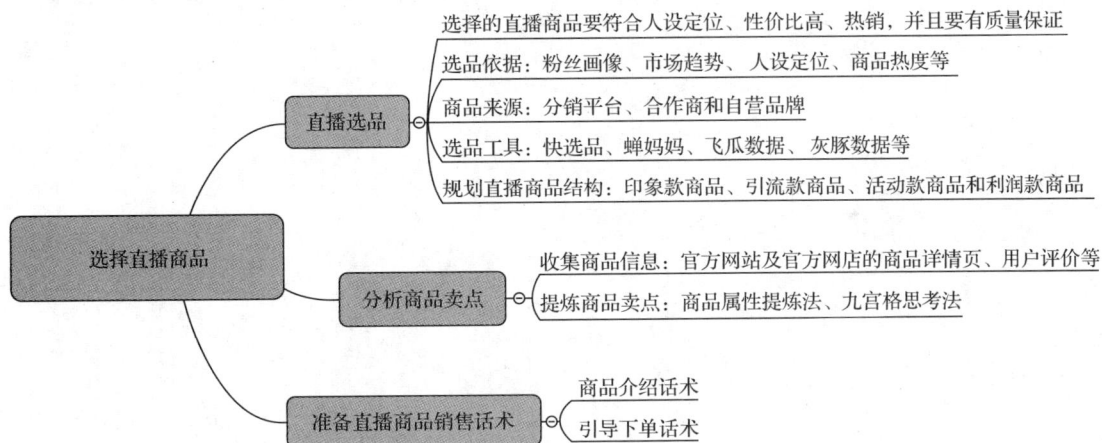

项目四

做好直播准备

情境创设

　　确定好直播商品后，老李与特食味进行了详细沟通，最后确定直播时间为8月30日19:00—21:00，目标销售额为20万元以上。

　　距离直播还有一周的时间，老李准备先让小艾搭建一个适合农产品的直播场景，然后和小艾一起梳理直播脚本，并分别撰写整场直播脚本和主推商品的直播脚本，为正式直播做准备。最后，为了引流，老李还让小艾进行直播宣传与预热，以尽可能吸引用户观看直播，提升直播的效果。

学习目标

知识目标

1. 了解常见的直播设备，熟悉搭建直播场景的方法。
2. 掌握撰写直播脚本的方法。
3. 掌握直播宣传与预热的方式。

技能目标

1. 能够根据直播需求搭建直播场景。
2. 能够结合商品撰写完整的直播脚本。
3. 能够撰写直播标题和直播宣传文案。
4. 能够制作有趣、吸引力强的直播预告短视频。

素养目标

1. 共建文明、健康的直播环境，构建绿色直播文化。
2. 培养社会责任感，传播正能量。

任务一 搭建直播场景

任务描述

特食味要求直播场景具有专业化水平，同时控制成本。由于特讯运营原有的直播间比较时尚、前卫，更加适合美妆、服饰等商品。为了与农产品直播相契合，老李准备带着小艾重新搭建一个具有田园风格的直播间。

任务实施

活动一 配置直播设备

直播的开展离不开直播设备的支持，直播设备的性能直接影响直播内容的输出。为了增强直播效果，老李带着小艾从公司已有的直播设备中选择了手机、支架、话筒、独立声卡、补光灯等进行配置。

第一步 配置手机

手机是直播的主要设备，适用于室内直播和室外直播。对用于直播的手机而言，比较重要的是前置摄像头的像素和系统的性能这两个指标。前者要能保证直播间的画质，后者要确保手机与直播软件的兼容性，直播时流畅不卡顿。一般来说，用于直播的手机的运行内存应不低于4GB，摄像头像素应不低于1200万。特讯运营提供的工作手机都能满足这些要求，最终老李和小艾选择了公司新购买的8GB+128GB的华为P50作为直播手机。

第二步　配置支架

支架主要用于固定手机、话筒等设备，以保证直播画面稳定。用于直播的支架主要有自拍杆式支架和三脚架式支架两种。其中，自拍杆式支架（见图4-1）是一种能进行三脚固定的自拍杆，即利用自拍杆底部的脚架固定手机，然后使用自拍杆的遥控器操作手机，比较适合个人主播在简单的直播中使用；三脚架式支架（见图4-2）是一种比较专业的支架，不仅支持固定手机，还支持固定话筒、平板电脑、摄像机等设备，可用于多台手机的多机位视频直播。

考虑到此次直播的支架可能要连接话筒、补光灯等设备，老李和小艾选择了一款三脚架式支架。

图4-1　自拍杆式支架　　　　　　　图4-2　三脚架式支架

第三步　配置话筒

话筒主要用于直播收音，使主播的声音更有层次，音效更好。话筒主要有两种，一种是动圈式话筒，另一种是电容式话筒。其中，电容式话筒收音能力较强，能够采集更多的声音细节。目前，大部分主播使用的都是电容式话筒（见图4-3）。因此，老李和小艾也决定选择电容式话筒。

图4-3　电容式话筒

经验之谈

在室外直播时，许多主播还会使用一种无线领夹式话筒。这种话筒小巧、便携，可以直接夹在衣服上，适合室外直播场景，但可能存在续航不足的问题。因此，如果要使用无线领夹式话筒，则需要配置移动电源。

第四步 配置独立声卡

独立声卡是用于收音和改善音质的设备，可以解决大多数手机在直播过程中无法同时开启直播软件和音乐播放软件的问题。使用独立声卡播放背景音乐或掌声、笑声等伴奏音，可以达到更好的效果，也可以有效活跃直播间的气氛。

根据外观设计，独立声卡可以分为内置独立声卡和外置独立声卡两种。内置独立声卡要求计算机主板有足够的插槽；外置独立声卡不仅能远离计算机箱内的干扰，也由于不受体积限制而有更丰富的功能。最终，老李和小艾选择了可以调音、降噪、添加趣味音效的外置独立声卡，如图4-4所示。

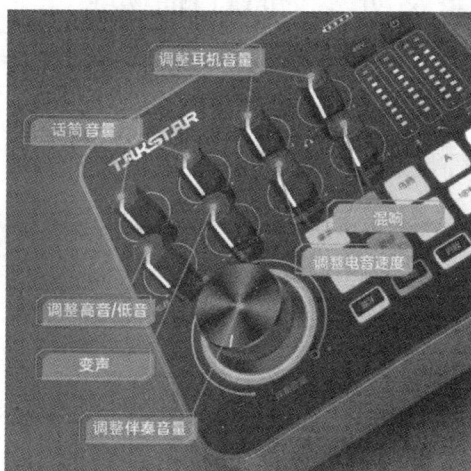
图4-4 外置独立声卡

第五步 配置补光灯

补光灯主要用于为直播间打光，提供辅助光，以得到较好的光影效果。直播间常用的补光灯主要有柔光灯（包括柔光箱或柔光球，见图4-5）与环形灯（见图4-6）。

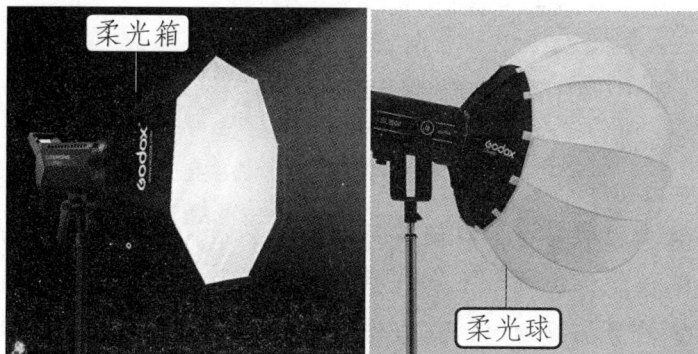
图4-5 柔光灯

图4-6 环形灯

一般来说，室内直播需要补充自然光时，可以优先选择柔光灯来模拟太阳光。需要拍摄面部近景或特写，或者需在晚上拍摄时，可以选择环形灯，以掩饰人物的面部瑕疵，起到美颜的作用。另外，直播间面积越大，所需要的补光灯也就越多。9平方米及以下的直播间可以使用1盏灯，10～15平方米的直播间可以使用2～3盏灯，16～30平方米的直播间可以使用4盏灯，30平方米以上的直播间至少要使用5盏灯。由于该直播间的面积在15平方米左右，因此老李和小艾选择了3盏灯。

活动二　布置直播场地

小艾直接将选择好的直播设备依次放在了直播间。老李看到后告诉小艾，布置直播场地并不是把直播设备放进直播间就可以了，还需要规划直播间布局、布置直播间背景和灯光。

第一步　规划直播间布局

规划直播间布局也就是将直播间划分为不同的功能区，一般包括直播区、商品摆放区、后台区及其他区域。规划原则是让主播和需要展示的商品出现在直播画面中，其他工作人员及不需要展示的商品不出现在画面中。老李按照之前的直播间布局绘制了一张区域规划示意图（见图4-7），小艾便按照该示意图重新摆放了直播设备。

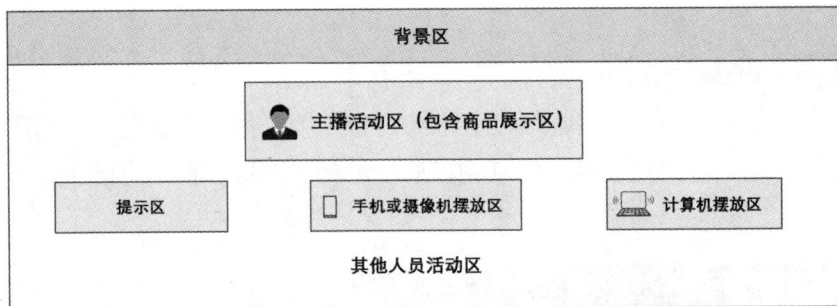

图4-7　直播间区域规划示意图

> **经验之谈**
>
> 除了室内直播，主播及其团队还可以在蔬果种植园、茶园、露天集市等场地进行室外直播。室外直播不仅能给用户带来有吸引力的沉浸式体验，还能提高其对商品的信任度。在规划室外直播场地时，应当保证环境整洁、干净，并且不宜有过多的人或闲杂车辆。另外，室外直播应当选在晴朗的天气，同时准备好出现下雨、刮风等天气的应对方案。

💡 **知识窗**

室内直播场地规划注意事项

（1）空间适宜。室内直播场地应空间适宜，场地面积要根据直播的内容进行调整。个人直播的场地面积一般为8～15平方米，团队直播的场地面积一般为20～40平方米。如果是美妆直播，选择10平方米左右的小场地即可；如果是穿搭、服装类的直播，一般选择15平方米以上的场地。直播场地的层高一般控制在2.3～2.5米，以保证既能给顶光灯留下足够的空间，又不会导致环境光发散、话筒不易收音的问题。此外，直播商品较多时，还要在直播场地中为待播商品、道具等预留空间。

（2）环境安静。室内直播场地的隔音效果要好，避免杂音的干扰；要有较好的收音效果，避免在直播中产生回音。隔音效果不好或回音太大，都会影响直播的正常进行。

（3）光线充足。室内直播场地的光线要充足，以保证直播的真实感和美观。如果直播场地较封闭，就需要借助补光设备来提升直播画面的视觉效果。

💡 **知识窗**

第二步　布置直播间背景

直播间背景即主播身后的背景。考虑到公司涉及的直播商品种类较多，为了更好地展示商品，小艾便提议直接利用白色的墙面作为背景。老李听后摇了摇头，他告诉小艾，白色的背景不利于灯光布置，并且如果墙面坑坑洼洼，灯光照上去后会非常难看。直播背景一般选择纯色和浅色的墙纸或幕布，这样会显得更简洁，视觉效果会更好。如果直播间的面积比较大，可以布置一些装饰画、鲜花、展示柜等；如果是节日时直播，可以适当地布置一些跟节日相关的东西；如果是品牌的专属直播间，还可以用品牌Logo布置背景（见图4-8）。

另外，如果布置的直播间背景不适合某些商品或场景，可以使用一些直播工具，如淘宝直播PC版、抖音直播伴侣、快手直播伴侣等，设置虚

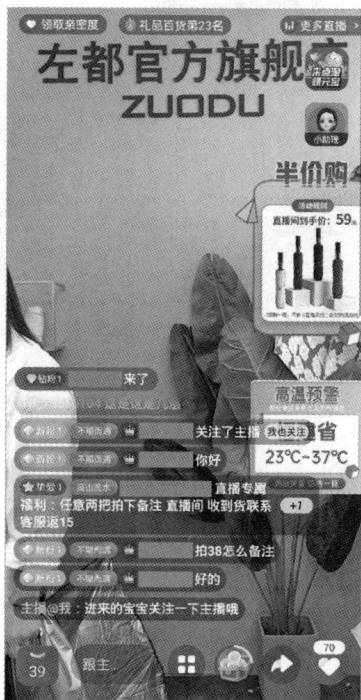

图4-8　品牌Logo布置背景

拟背景。若要设置虚拟背景，直播间的实体背景一般采用绿幕，然后通过直播工具将绿幕替换成背景图。

经过商议，老李和小艾最终决定采用浅灰色的哑光墙纸作为直播间的背景。此外，老李还让小艾在网上选购了一块绿幕布和一些仿真麦穗、仿真蔬菜等装饰品，绿幕布供后期设置虚拟背景使用，装饰品用来装饰直播间。

第三步 **布置直播间灯光**

布置好背景以后，小艾便打开手机查看画面效果，发现手机画面中的直播间比较昏暗。老李得知后，便带着小艾布置灯光。

老李告诉她，直播间的补光灯分为主灯和辅助灯，主灯提供主光，一般选择冷光源的LED灯；辅助灯则提供补光，通常放置在主灯两侧。由于直播间同时配置了环形灯和柔光球，老李便直接采用了与图4-9所示相似的灯光布置方案。

图4-9　灯光布置方案

💡 **知识窗**

直播间常见的灯光布置方案

直播间的环境和直播内容不同，其适用的布光方式也会有所不同。表4-1所示为直播间常见的灯光布置方案。

92

表4-1　直播间常见的灯光布置方案

数量	类型	主灯/辅助灯	位置摆放	适用范围	优点
1盏	环形灯	主灯	距主播1米左右的正前方，比主播高15厘米左右	手机直播，仅有主播入镜	操作简单，有瘦脸、美颜的效果
2盏	不限	同为主灯，或1盏为主灯、另1盏为辅助灯	靠近镜头的两侧且与镜头距离相同，略高于镜头，光线打向主播	主播坐着进行直播带货	突显主播面部与直播商品
3盏	环形灯1盏、柔光箱2盏	环形灯为主灯，柔光箱为辅助灯	环形灯放在主播正前方，柔光箱放在主播两侧且与主播的距离相等	主流的灯光布置方案，适用于服装、美妆、珠宝类直播，或人物专访且空间较小的直播场景	还原立体感和空间感
3盏	柔光球1盏、柔光箱2盏	柔光球为主灯，柔光箱为辅助灯	柔光球置于镜头上方且高于镜头和主播，柔光箱放在主播两侧		
4盏	环形灯1盏、柔光箱2盏、柔光球1盏	环形灯为主灯，其他灯为辅助灯	环形灯正对主播，柔光箱放在主播两侧且与主播的距离相等，柔光球位于主播头顶前上方	有助播或嘉宾参与的带货直播	照亮主播正面和直播间局部空间
5盏	柔光球1盏、柔光箱1盏、环形灯3盏	柔光球为主灯，其他灯为辅助灯	柔光球正对主播，柔光箱面对主播侧面的装饰物、背景墙等，2盏环形灯位于主播两侧且照向主播，另1盏环形灯低于主播面部，可照向主播或直播商品	知名主播直播间、商品较多的直播间	照亮主播正面和直播空间，提升画面的质感

知识窗

👤 活动三 直播后台调试

完成前面的工作后，老李嘱咐小艾在开播前还要调试直播后台，从而避免出现直播画面不清晰、无法添加商品等问题。老李和小艾准备使用抖音App直播，因为抖音App后台的调试工作比较简单，小艾只需要开通权限，进行清晰度设置、美化设置等操作，具体步骤如下。

视频

直播后台调试

步骤 01 打开抖音App，点击"我"选项，然后点击右上角的 ☰ 按钮，在打开的侧边栏中点击"设置"选项。打开"设置"界面，点击"账号与安全"选项，打开"账号与安全"界面，点击"实名认证"选项。打开"实名认证"界面，输入真实姓名和身份证号，点击选中"已阅读并同意……"单选项，点击 同意协议并认证 按钮。

步骤 02 点击"我"选项，然后点击右上角的 ☰ 按钮，在打开的侧边栏中点击"创作者服务中心"选项。进入创作者服务中心，点击"全部分类"按钮 ▦。打开"功能列表"界面，点击"商品橱窗"按钮 🛒，如图4-10所示。

步骤 03 打开"商品橱窗"界面，点击"成为带货达人"选项。打开"成为带货达人"界面，查看申请要求。满足两项要求后点击 立即申请 按钮。系统审核通过后，即可成功开通直播带货权限。

📖 经验之谈

要想开直播，首先要完成实名认证；要想在抖音直播间销售商品，还需要开通直播带货权限。主播开通抖音直播带货权限，除了完成实名认证外，还需要满足个人主页视频数≥10条、抖音账号粉丝数≥1 000、缴纳500元保证金和开通收款账户等条件。

步骤 04 在抖音App主界面点击"拍摄"按钮 ⊕，然后在打开的界面下方点击"开直播"选项。

步骤 05 进入直播预览界面，点击界面下方的"设置"按钮 ⊚，打开设置面板，点击"选择清晰度"选项，在打开的面板中选择"蓝光1080P"选项，如图4-11所示。

步骤 06 点击直播预览界面中的"美化"按钮 ⫯，在打开的面板中点击"滤镜"选项卡，点击"焕肤"选项，然后拖动上方滚动条，将滤镜应用度的值设置为"50"，如图4-12所示。

步骤 07　点击"美颜"选项卡，直播间将自动应用美颜功能，此处保持默认值不变。需要注意的是，如果直播推广服饰类商品，添加滤镜和美颜功能可能会影响服饰颜色，所以应谨慎使用。

图4-10　点击"商品橱窗"
按钮

图4-11　设置清晰度

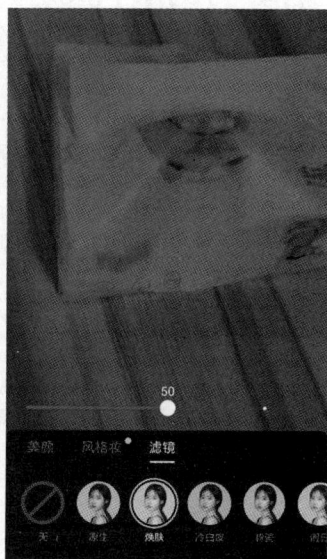

图4-12　设置滤镜

经验之谈

　　如果通过抖音App直播，主播可以将手机直播中的画面投屏到抖音直播伴侣中，然后由直播间场控完成后台相关操作，如上架商品、发放福袋、与用户互动等。另外，如果配置了摄像头，主播还可以利用摄像头，通过抖音直播伴侣在PC端进行直播。在这种情况下，主播需要事先在抖音直播伴侣中开展调试工作，包括音频设置、清晰度设置等。

任务二　撰写直播脚本

任务描述

　　本场农产品直播的时长为2小时，为了有序管理直播间，做好对直播内容和时间的控制，老李和小艾在搭建好直播场景后，需要先撰写整场直播的脚本，明确直播的流程和内容，再为直播商品撰写直播脚本，突出商品特色，吸引用户购买。

任务实施

👤 活动一　撰写整场直播脚本

整场直播脚本是对整个直播流程和内容的细致说明，可以让直播团队各岗位人员根据工作职责实现默契配合。整场直播脚本要详细说明直播时间、直播地点、直播主题、直播目标、商品数量等情况，以便主播把控直播节奏。图4-13所示为整场直播脚本的写作要点。

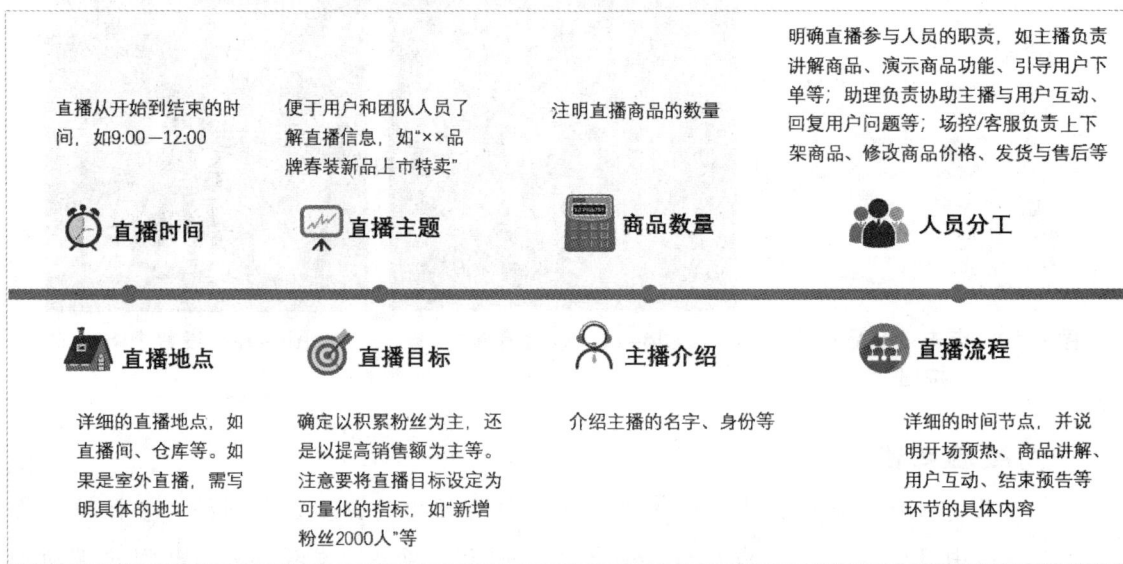

直播从开始到结束的时间，如9:00—12:00　　⏰ 直播时间

便于用户和团队人员了解直播信息，如"××品牌春装新品上市特卖"　　📈 直播主题

注明直播商品的数量　　🧮 商品数量

明确直播参与人员的职责，如主播负责讲解商品、演示商品功能、引导用户下单等；助理负责协助主播与用户互动、回复用户问题等；场控/客服负责上下架商品、修改商品价格、发货与售后等　　👥 人员分工

🏠 直播地点　详细的直播地点，如直播间、仓库等。如果是室外直播，需写明具体的地址

🎯 直播目标　确定以积累粉丝为主，还是以提高销售额为主等。注意要将直播目标设定为可量化的指标，如"新增粉丝2000人"等

👤 主播介绍　介绍主播的名字、身份等

🔀 直播流程　详细的时间节点，并说明开场预热、商品讲解、用户互动、结束预告等环节的具体内容

图4-13　整场直播脚本的写作要点

明确了整场直播脚本的写作要点后，小艾结合特食味提供的相关资料，为其直播撰写了一份完整的整场直播脚本，如表4-2所示。

表4-2　特食味整场直播脚本

直播时间	8月30日19:00—21:00
直播地点	公司直播间
直播主题	特食味农产品品牌促销
直播目标	吸引1万人进入直播间，销售额达到20万元以上
商品数量	10款
主播介绍	主播××

直播流程				
时间段	流程规划	人员分工		
		主播	助理	场控/客服
19:00—19:10	开场预热	自我介绍，向进入直播间的用户问好，引导进入直播间的用户关注直播间，简单介绍品牌、主推款商品和抽奖、红包活动	回答用户问题	向各平台分享开播链接
19:11—19:15	活动剧透	简单介绍本场直播的所有商品，说明直播间的优惠情况	展示商品，补充主播遗漏的内容	向各平台推送直播活动信息
19:16—19:20	福利赠送	鼓励用户分享直播间，直播间人数达到××人开始抽奖，中奖者可获得1提抽纸	介绍抽奖规则，演示截屏抽奖方法，回答用户问题	收集中奖信息，与中奖者取得联系
19:21—19:25	商品推荐	讲解黄豆酱，全方位展示商品，详细介绍商品特点，回复用户问题，引导用户下单	与主播互动，协助主播回答用户问题	发布商品链接，回复用户的订单咨询，收集在线人数和转化数据
19:26—19:30	商品推荐	讲解长粒香米	同上	同上
19:31—19:35	红包活动	与用户互动，发放红包	提示发放红包的时间节点，介绍红包活动规则	发放红包，收集互动信息
19:36—19:40	商品推荐	讲解黑糯玉米	同上	同上
19:41—19:45	商品推荐	讲解蜂蜜	同上	同上
19:46—19:50	福利赠送	新增关注达到××人开始截屏抽奖，中奖者可获得1袋1千克的大米	提示发放福利的时间节点，介绍抽奖规则	收集中奖信息，与中奖者取得联系

续表

直播流程				
时间段	流程规划	人员分工		
		主播	助理	场控/客服
19:51—19:55	商品推荐	讲解红肠	同上	同上
19:56—20:00	商品推荐	讲解手工挂面	同上	同上
20:01—20:05	红包活动	与用户互动，发放红包	提示发放红包的时间节点，介绍红包活动规则	发放红包，收集互动信息
20:06—20:10	商品推荐	讲解大豆油	同上	同上
20:11—20:15	商品推荐	讲解黑木耳	同上	同上
20:16—20:20	福利赠送	新增关注达到××人开始截屏抽奖，中奖者可获得1袋1千克的红肠	提示发放福利的时间节点，介绍抽奖规则	收集中奖信息，与中奖者取得联系
20:21—20:25	商品推荐	讲解玉米糁礼盒	同上	同上
20:26—20:30	商品推荐	讲解黄小米	同上	同上
20:31—20:35	红包活动	与用户互动，发放红包	提示发放红包的时间节点，介绍红包活动规则	发放红包，收集互动信息
20:36—20:50	商品返场	对销售情况较好的商品进行返场讲解	协助场控向主播提示返场商品，协助主播回答用户问题	向助理与主播提示返场商品，回复用户的订单咨询
20:51—21:00	直播预告	简单介绍下次直播的商品，引导用户关注直播间，强调下次直播的开播时间和福利	协助主播引导用户关注直播间	回复用户的订单咨询

活动二　撰写单品直播脚本

单品直播脚本是基于单款商品的脚本，一般以表格形式呈现。单品直播脚本的要点主要包含商品或品牌介绍、商品核心卖点、利益点强调、引导转化等，各要点之间呈递进关系，如图4-14所示。

先用话题引出商品或品牌，如用"太阳太大被晒伤"的话题引出防晒霜，然后介绍商品或品牌的基本信息、品牌理念等

商品核心卖点

商品或品牌介绍

介绍商品属性、商品的功能或作用，说明"商品为什么值得买"，如某防晒衫款式独特、防晒指数高等

介绍商品可以带来的利益，即商品能够带来的好处，说明"为什么要马上买"，如直播间赠送专属礼品等

引导转化

利益点强调

引导立即下单购买，通常要营造一种紧迫感，如先拍先得、缺货不补、价格优势等

图4-14　单品直播脚本的要点

本场直播有10款商品，小艾需要根据单品直播脚本的要点分别为这些商品撰写脚本。下面以长粒香米的单品直播脚本为例进行展示，如表4-3所示。

表4-3　长粒香米的单品直播脚本

要点	脚本具体内容
商品或品牌介绍	"说到哪里的大米好吃，大家的第一反应是不是黑龙江的五常大米。我今天给大家带来的大米，就是黑龙江特食味生产的大米。特食味遵循'为健康选好粮'的理念，严格把控大米从农田到餐桌的每一个环节。"
商品核心卖点	"给大家拆开看看，这款大米颗颗均匀饱满、晶莹剔透，闻起来有一股清香。我再帮大家尝一尝煮好的大米，吃起来软软糯糯的，非常可口！入口鲜香，有淡淡的甜味！我们还查了一下这款大米的产地情况，那里土壤肥沃、水质优良，并且采用传统方式种植，严格控制化肥的用量。"
利益点强调	"大家有没有要买大米的？再告诉你们一个好消息，品牌方为了感谢大家的支持，今天大家只要在直播间购满500元，我们都会额外赠送一个农产品盲盒，里面可能是红肠、蜂蜜等礼品。这个品牌方也太大方了吧！"
引导转化	"这款大米为5千克装，平时一袋的售价是99元，你们猜它在直播间的售价是多少？只要79元！惊不惊喜，意不意外？再加50元，你们就可以带两袋回家。129元拍两袋特食味品牌大米，太划算了。大家准备好没，倒数3个数上链接，拍下今天统一发货，先拍先得哦！"

动手做

撰写单品直播脚本

1. 请结合项目三中特食味红肠的相关信息，为其撰写单品直播脚本。

2. 图4-15所示为某品牌推出的一款文创商品，请阅读相关信息，参照单品直播脚本的要点为其撰写一份单品直播脚本。

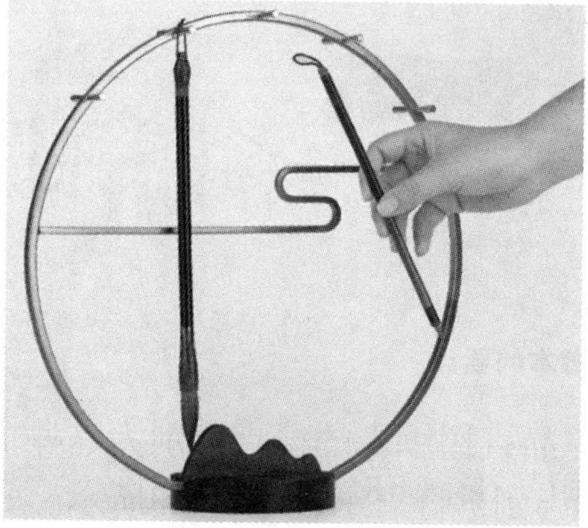

商品信息

商品名称：十针笔架毛笔挂　　　　商品规格：1.3千克
商品规格：36厘米×12厘米×36厘米
材质：紫光檀、花酸枝、铁合金
网店日常价：88元
直播间到手价：58元，额外赠送1枚熊猫书签

图4-15　文创商品信息

任务三　直播宣传与预热

任务描述

在小艾撰写的脚本通过特食味的审核后，老李又安排小艾开展直播宣传与预热工作，包括设计直播标题与封面、撰写直播宣传文案、拍摄并剪辑直播预告短视频、发布直播预告等，以让用户提前知晓直播出售的商品及相关福利，让直播在开播前达到一定热度。

任务实施

活动一　设计直播标题与封面

直播标题与封面是影响用户进入直播间的关键因素。小艾不太懂封面的设计，于是决定先拟定直播标题，再向老李请教封面的设计方式。

第一步　撰写直播标题

具有吸引力的直播标题不仅能吸引用户观看直播，还能使直播获得平台的推荐。小艾观察了直播平台中热门直播的标题，总结出以下5种标题能更好地提升直播间人气。

（1）设置悬念。在标题中设置悬念可以利用用户的好奇心来引发其对直播的兴趣，如"难道这就是你们选择它的原因？""有房的注意了，这场直播你一定不能错过！"等。这种类型的标题常结合提问，可以激发用户的好奇心，增强用户的点击欲望。

（2）利益驱动。直接在标题中说明用户可以获取的好处和利益，如"商品上新，部分5折起，用更少的钱买更多好物""不定时抢5折优惠券"等。

（3）借助名人效应。名人效应是对因名人的出现所达成的引人注意、强化事物、扩大影响的效应，或人们模仿名人的心理现象的统称。"某名人光临直播间""某名人直播带货专场"等标题就借助了名人效应。

（4）制造紧迫感。在标题中制造紧迫感、紧缺感可以促使用户立刻采取行动，如"断码女鞋直播，马上开抢""商品上新大折扣，错过再等一年"等。

（5）借助热点。基于热点设计标题可以利用用户对热点的关注，引导用户观看直播，如"国庆出游，这些出游用品你一定需要！"等。

结合特食味的直播商品和优惠信息，小艾撰写了表4-4所示的直播标题。

表4-4 直播标题

序号	标题
1	中秋节要囤货的注意了，特食味这些商品一定不容错过！（热点+悬念）
2	特食味不止5折！买到就是赚到！马上开抢！（利益+制造紧迫感）
3	××推荐过的好货（名人效应）
4	特食味绿色农产品，直播间有你想象不到的福利！（利益+悬念）

鉴于利益+悬念的方式更能吸引用户准时观看直播，小艾选择了第4个标题作为最终的直播标题。

📝 **素养小课堂**

撰写直播标题时应当遵守相关法律规定，不得含有违法和不良信息，不得使用"顶级""首选""独家"等违禁词；不得发布虚假信息，欺骗、误导用户。任何一名直播销售人员都有责任和义务维护健康直播环境、构建绿色直播文化。

第二步 设计直播封面

当前主流的直播封面有两种设计方式，即分别围绕人物或商品进行设计。围绕人物设计的直播封面以主播、品牌代言人为主，围绕商品设计的直播封面以直播主推商品为主。另外，部分直播封面还会在展示人物形象时，融入直播商品。考虑到特食味属于农产品品牌，围绕商品来设计直播封面更具真实性，于是小艾选择了特食味提供的商品图片（见图4-16）作为直播封面。

老李看了小艾选择的封面图片后，认为图片色调偏暗，需要美化，建议小艾使用图片处理工具（如Photoshop、美图秀秀、创客贴等）进行处理。接下来小艾准备使用美图秀秀先调整图片的色彩，然后添加会话气泡并输入文字来完成封面的设计，具体步骤如下。

图4-16 封面图片

步骤 01 下载并打开美图秀秀，单击页面上方的"美化图片"选项卡，在打开的页面中单击 打开图片 按钮。

步骤 02 打开"打开图片"对话框，选择素材图片（配套资源：\素材文件\项目四\直播封面.jpg），单击 打开(O) 按钮，如图4-17所示。

视频

设计直播封面

步骤 03 打开素材图片，在"美化图片"选项卡中的"增强"栏中选择"色彩"选项。打开"色彩"对话框，将"饱和度""色温""色调"参数分别设置为"12""2""10"，如图4-18所示。

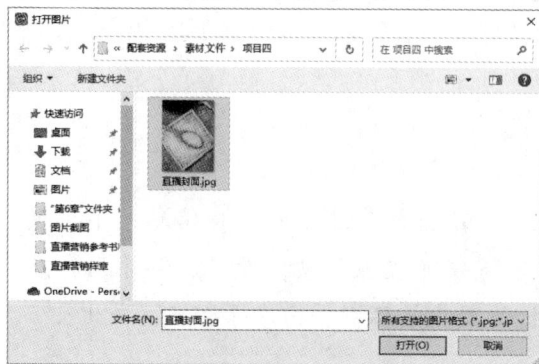

图4-17 选择素材图片

图4-18 调整图片色彩

步骤 04　单击底部的 对比 按钮，对比图片美化前后的效果，确认后，单击 应用当前效果 按钮，增强图片色彩效果。

步骤 05　返回"美化图片"选项卡，单击上方的"文字"选项卡，在打开的页面左侧选择"会话气泡"选项，在打开的页面右侧的"会话气泡"面板中选择"标注"选项，然后选择图4-19所示的样式。

步骤 06　打开"编辑"对话框，在文本框中输入"特食味来啦！"，单击 确定 按钮，如图4-20所示。

图4-19　选择"标注"选项

图4-20　输入文字

步骤 07　移动该会话气泡到图片的合适位置，然后将鼠标指针移动到该会话气泡右上角，当鼠标指针变为 形状时，向外侧拖动放大该会话气泡，效果如图4-21所示。

图4-21　会话气泡放大后的效果

步骤 08 单击页面右上角的 ▣ 保存 按钮，打开"保存"对话框，在"保存路径"栏中单击选中"自定义"单选项，单击 更改 按钮。打开"浏览计算机"对话框，设置文件保存位置，单击 确定 按钮。

步骤 09 返回"保存"对话框，设置文件名与格式，单击 保存 按钮，保存美化后的图片（配套资源：\效果文件\项目四\直播封面.jpg）。

👤 活动二　撰写直播宣传文案

直播宣传文案是引导用户进入直播间、让用户了解直播详情的重要途径。通常情况下，直播宣传文案多在微信、微博等平台上发布。小艾在查看各行业直播账号发布的宣传文案后，总结出表4-5所示的写作要点。

表4-5　直播宣传文案写作要点

要点	说明
展示直播主题	直播主题属于关键内容，包括直播时间、平台和主要内容等，要详细罗列
抛出直播亮点	直截了当地告知用户观看本场直播可获得的价值或利益，如直播中的商品卖点、促销活动、抽奖活动，以及在直播间可购买到的低价商品等
设置些许悬念	不用将所有亮点和福利都预告，可以适当保留一些亮点和福利，给用户留下悬念，激发用户的好奇心，吸引用户观看
制造紧迫感	要让用户产生不容错过的感觉，让其准点进入直播间观看直播

根据写作要点，小艾为本场直播撰写了如下宣传文案。

特食味绿色农产品来啦！优惠大放送，部分商品不止5折！还有一些你可能见都没见过的特色农产品！关注主播，参与抽奖，中奖者可获得1袋1千克的大米！锁定主播抖音直播间，2022年8月30日19:00不见不散哟！

📋**经验之谈**

发布在各类平台中的直播宣传文案一般都会配以精致、具有吸引力的图片，以对本场直播的宣传文案进行辅助说明，有的甚至会直接以宣传海报的形式发布在平台中。美图秀秀、Fotor懒设计、创客贴等官方网站上有丰富的图片模板，用户更改其中的部分内容即可快速设计出所需海报，操作简单且便捷。

👤 活动三　拍摄并剪辑直播预告短视频

短视频时长短、更新快的特点迎合了当前人们碎片化的阅读习惯。在这一背景下，短视频成为主播为直播预热、吸引用户进入直播间的常用手段。了解到这一信息的小艾马不停蹄地投入了直播预告短视频的拍摄、剪辑工作。

第一步　拍摄直播预告短视频

直播预告短视频主要有两种展现方式，一种是常规的短视频内容+直播预告信息，另一种是纯直播预告式的短视频。前者一般是在短视频的前半段输出与账号风格相同的垂直内容，吸引固定粉丝观看，然后在后半段对直播时间进行预告；后者是以直播预告为主要内容的短视频，一般采用主播真人出镜的方式，向用户告知具体的直播时间和直播主题，还可以对直播中的福利活动进行预告，吸引用户观看直播。

老李与特食味沟通后告诉小艾，采用主播真人出镜的方法制作预告短视频在时间上不可行，于是小艾选用了特食味提供的商品短视频作为直播预告短视频的素材。

🖥️**经验之谈**

短视频的制作门槛较低，很多简单的短视频利用手机就可以拍摄。使用抖音App也可以拍摄短视频，进入App后点击底部的 ⊕ 按钮即可。如果是拍摄镜头较复杂的短视频，通常要撰写短视频脚本，对短视频的故事情节、场景安排、道具灯光和镜头设计等进行策划。

第二步　剪辑直播预告短视频

一般来说，直播预告短视频不宜过长，适合保持在30秒以内。另外，还要以字幕的形式将具体的直播时间、直播主题和直播亮点（如商品卖点、优惠价格等）展示在短视频中的显眼位置。

剪映App是抖音官方推出的剪辑工具。小艾准备用剪映App剪辑直播预告短视频，她准备先裁剪掉视频素材中多余的片段，再将多个视频素材组合成一条短视频，并为其添加字幕、转场效果、滤镜、背景音乐等，具体操作如下。

视频

剪辑直播预告短视频

步骤 01 下载并打开剪映App，点击首页的"开始创作"按钮 ⊕ 开始剪辑短视频，如图4-22所示。

步骤 02 在打开的界面中选择品牌方提供的视频素材（配套资源：\素材文件\项目四\短视频素材\），再点击选中界面左下角的"高清"单选项，然后点击 添加 按钮，如图4-23所示。

步骤 03 进入剪辑界面，选择第1段视频素材，点击▷按钮播放，在播放至第6秒时点击‖按钮暂停，暂停后该按钮变回▷，如图4-24所示。

图4-22　点击"开始创作"
　　　　　按钮

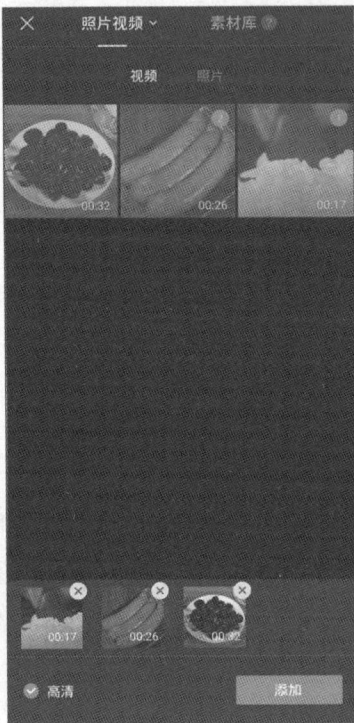

图4-23　添加视频素材

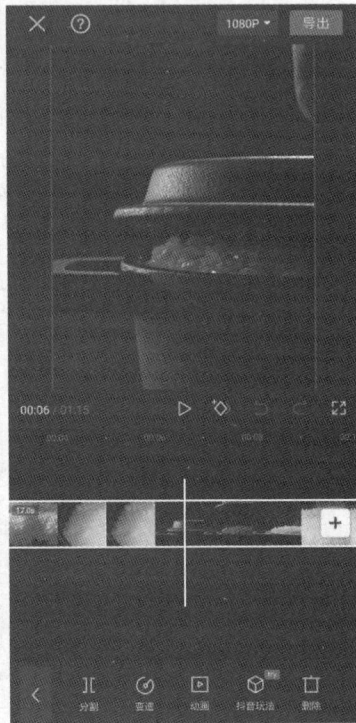

图4-24　暂停播放

经验之谈

视频素材导入后排列的顺序由图4-23所示界面中点击选择视频素材的顺序决定，即先点击选择的视频素材排在前面。

步骤 04 点击界面底部的"剪辑"按钮✂，进入剪辑状态，然后点击"分割"按钮‖，如图4-25所示。

步骤 05 第1段视频素材从第6秒处分割为两个片段，选择第6秒后的片段，然后点击"删除"按钮🗑，如图4-26所示。

步骤 06 第1段视频素材的后半部分被删除，再按照相同的方法删除第2段视

106

频素材第9秒后的片段和第3段视频素材第14秒后的片段。此时，短视频总时长为27秒。

步骤 07　长按第3段视频素材，向左拖动该段视频素材至第1段视频素材的右边，将其作为短视频的中间部分，如图4-27所示。

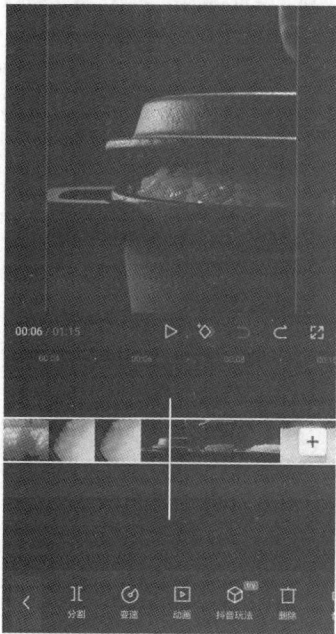

图4-25　分割视频素材　　　　图4-26　删除视频素材　　　　图4-27　调整视频素材顺序

经验之谈

在删除视频素材多余片段时，可以适当多留一部分片段（如多留1秒的片段），便于后续添加转场等效果。

步骤 08　拖动视频滑轨返回短视频开头，点击界面下方的"文字"按钮，进入文字编辑状态。点击"新建文本"按钮，如图4-28所示。

步骤 09　在打开的界面中输入文本"注意啦！注意啦！"，再点击图4-29所示的样式为文字设置样式，然后移动文字到短视频下方位置，点击按钮。

步骤 10　短视频下方即出现文本的进度条，长按进度条右侧的按钮，向左拖动至第2秒处，此时文字只在短视频的第1秒和第2秒处出现。

步骤 11　点击按钮播放短视频，播放至第3秒时暂停，然后按照相同的方法为短视频的第3～6秒添加"特食味直播预告来啦！"文本（文本位置在短视频下方），为第7～29秒添加"8月30日19：00，特食味品牌农产品大促销，我们在直播间等着你！"文本（文本位置在短视频上方），如图4-30所示。

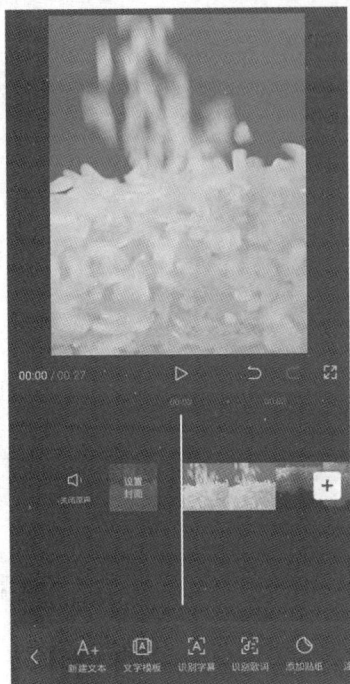

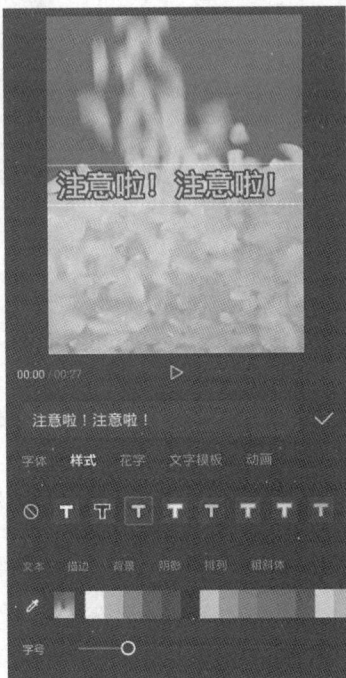

图4-28　新建文本　　　　　图4-29　设置文本样式　　　　　图4-30　文本添加效果

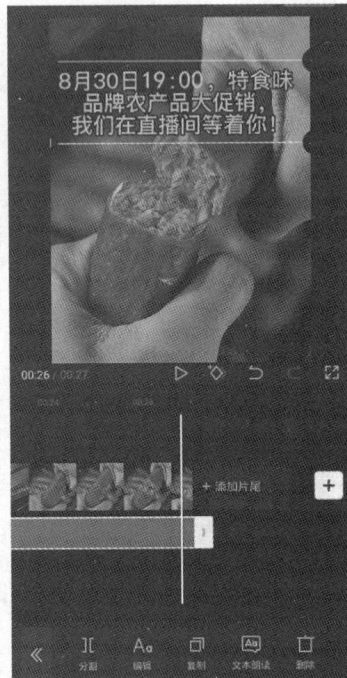

步骤 12　点击第1段视频素材和第2段视频素材连接处的 | 按钮，如图4-31所示。

步骤 13　打开转场设置界面，点击"基础"栏下的"闪黑"选项，如图4-32所示，然后点击☑按钮，在两段视频素材之间添加"闪黑"的转场效果。

步骤 14　点击第2段视频素材和第3段视频素材连接处的 | 按钮，在打开的界面中点击"基础"栏下的"滑动"选项，如图4-33所示，然后点击☑按钮，在两段视频素材之间添加"滑动"的转场效果。

> **📖 经验之谈**
>
> 　　转场的原理是相邻两段视频首尾部分重叠，重叠的长度就是转场的长度。因此添加转场效果后，短视频的时长可能会缩短。此处的短视频时长在添加转场效果后就缩短为26秒。

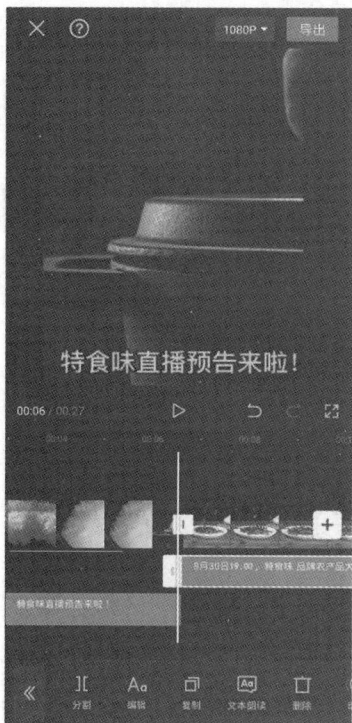

图4-31 点击连接处的按钮　　　图4-32 设置转场效果　　　图4-33 再次设置转场效果

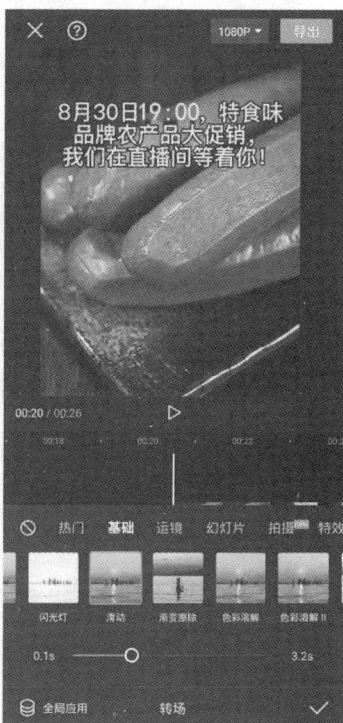

步骤 15　点击界面左侧的"关闭原声"按钮 🔊 关闭短视频原有的声音，点击添加的第1个文本的进度条，点击界面下方的"文本朗读"按钮 📖，然后在打开的界面中选择"女声音色"下的"知性女声"选项（见图4-34），点击 ✅ 按钮。

步骤 16　按照相同的方法为短视频所有文本添加"知性女声"的文本朗读声音。

步骤 17　返回剪辑主界面，向左滑动界面底部的功能选项，点击"滤镜"按钮 🎨，在打开的界面中选择"绿妍"选项，如图4-35所示，然后点击 ✅ 按钮。

步骤 18　返回剪辑主界面，短视频下方即出现滤镜的进度条，长按进度条右侧的 📐 按钮，向右拖动至短视频结尾处为短视频添加滤镜。

步骤 19　点击界面下方的"音频"按钮 🎵，继续在界面底部点击"音乐"按钮 🎵，然后在打开的界面中选择合适的音乐作为短视频的背景音乐，选好后点击对应的 使用 按钮，如图4-36所示。

步骤 20　音乐添加成功，返回剪辑界面，短视频下方即出现背景音乐的进度条，选择该进度条，在界面底部点击"音量"选项，然后在打开的界面中向左拖动音量滑轨，降低音量至"30"，再点击☑按钮。

图4-34 添加文本朗读声音　　图4-35 添加滤镜　　图4-36 添加音乐

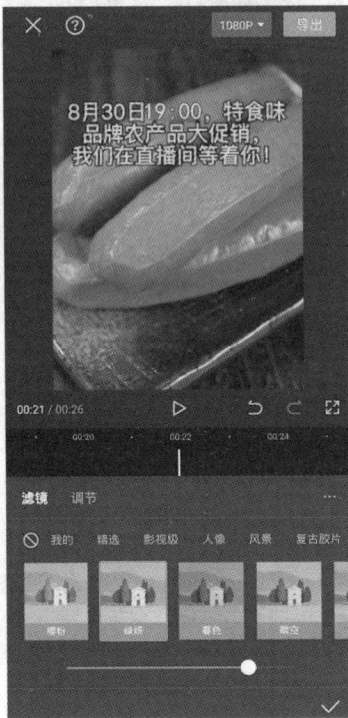

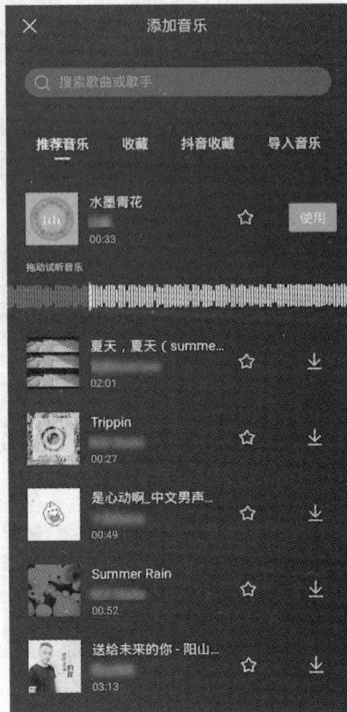

步骤 21 点击界面右侧的田按钮新增视频素材，在打开的界面中点击"素材库"选项卡，再点击"片尾"下的第7个选项，点击选中界面左下角的"高清"单选项，点击 添加 按钮，如图4-37所示。

步骤 22 添加片尾后，短视频时长变为28秒，点击音频进度条右侧的▯按钮并向右滑动，滑动至第28秒处，点击"分割"按钮▮，然后选择音频的后半段，点击"删除"按钮▯删除多余的音频。

步骤 23 向右拖动视频滑轨至开头处，点击左侧的"设置封面"选项，在打开的界面中为短视频设置封面，此处选择"视频帧"选项，再向左拖动视频滑轨至如图4-38所示的位置，设置该处视频画面为封面，然后点击 保存 按钮。

步骤 24 短视频剪辑完成后，点击▶按钮播放短视频，确认无误后点击界面右上角的 1080P ▾ 下拉按钮，在打开的下拉列表中设置短视频的分辨率和帧率，此处设置分辨率为"1080P"、帧率为"60"，如图4-39所示，最后点击 导出 按钮导出短视频（配套资源：\效果文件\项目四\直播预告短视频.mp4）。

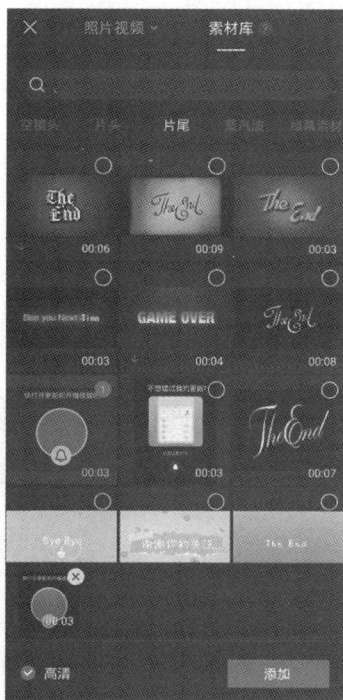

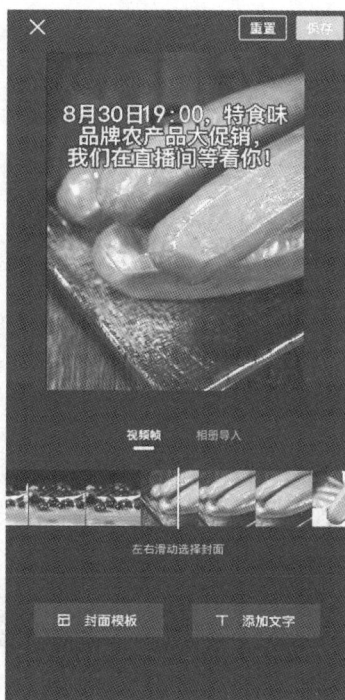

图4-37　添加片尾　　　　图4-38　设置封面　　　图4-39　设置分辨率和帧率

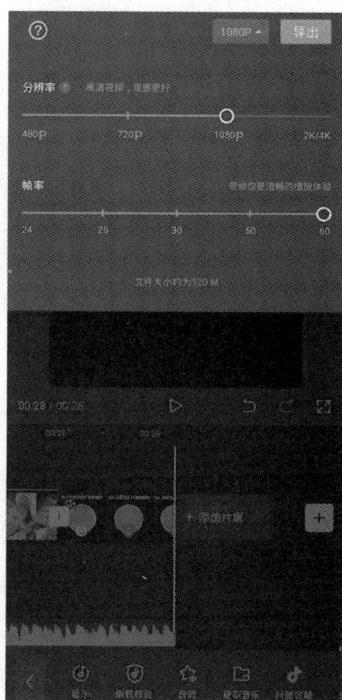

活动四　发布直播预告

距离开播只有两天了，小艾决定发布直播预告对直播进行宣传和预热。老李告诉小艾，为使更多人知晓并观看直播，除了可以在抖音中发布直播预告和预告短视频外，还可以在微信朋友圈、微博等平台发布预告信息。于是，小艾按照老李的嘱咐发布了特食味品牌的直播预告。

第一步　在抖音中发布直播预告

在抖音中发布直播预告后，预告内容将显示在直播账号的主页。在抖音中发布直播预告的具体操作如下。

步骤 01　打开抖音App，点击 ➕ 按钮，在打开界面的下方选择"开直播"选项。打开直播预览界面，在上方点击 更换封面 按钮，在弹出的面板中点击"从手机相册选择"选项。

视频

在抖音中发布直播预告

步骤 02　在打开的界面中点击之前设计好的封面图，然后在打开的界面中调整封面图的显示范围，点击 确定 按钮，如图4-40所示。

步骤 03　返回直播预览界面，点击界面中的"设置"按钮 ◎，弹出"设置"

面板，点击"直播预告"选项。

步骤 04 弹出"直播预告"面板，点击"启用直播预告"按钮 ◯◼。点击"开播时间"选项，在打开的"预告开播时间"面板中设置开播时间，如图4-41所示，点击 保存 按钮。

步骤 05 返回"直播预告"面板，在"预告内容"栏下的文本框中输入如图4-42所示的预告内容（由于平台此处有字数限制，因此对直播宣传文案做了精简），然后点击 保存 按钮。

图4-40　调整封面图　　　图4-41　设置开播时间　　　图4-42　输入预告内容

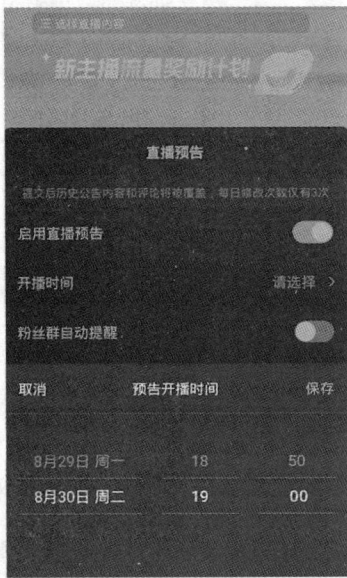

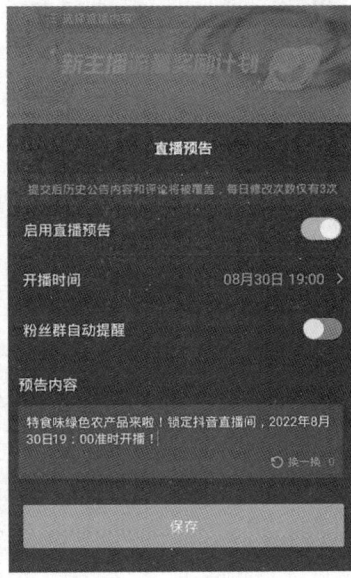

步骤 06 设置直播预告后，直播时间将显示在账号主页的"直播动态"栏中。点击"直播动态"按钮 📺，在打开的界面中即可查看预告内容。

第二步 在抖音中发布直播预告短视频

小艾准备直接将制作好的直播预告短视频发布到抖音中，具体操作如下。

步骤 01 打开抖音App，点击 ➕ 按钮。在打开的界面中点击"相册"选项，再在打开的界面中选择制作好的短视频。

步骤 02 上传短视频后，在打开的界面中点击 下一步 按钮，如图4-43所示。

步骤 03 打开发布界面，在标题文本框中输入撰写好的短视频标题"特食味

视频

在抖音中发布直播预告短视频

绿色农产品，直播间有你想象不到的福利！"，在下方点击 #添加话题 按钮，在打开的列表中选择话题"#抖音美食推荐官"，如图4-44所示。添加适当的话题有助于抖音识别短视频的内容类型并对其进行精准推荐。

步骤 04　在话题栏下方的"你在哪里"栏添加特食味线下实体店的定位为其引流，完成后点击 禾 发布 按钮发布短视频，如图4-45所示。

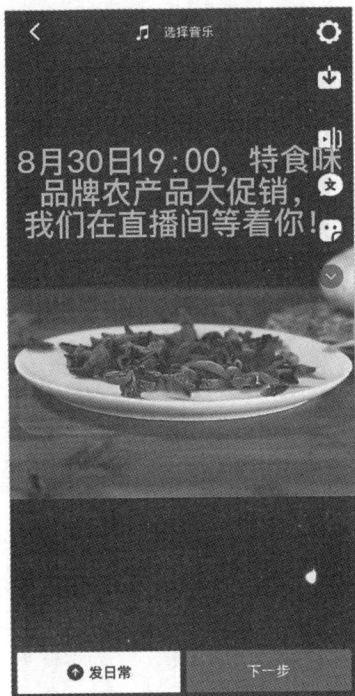

图4-43　点击"下一步"按钮　　　图4-44　添加话题　　　图4-45　发布短视频

第三步　在微信朋友圈中发布直播预告

微信是人们日常使用的即时通信工具，拥有大量的活跃用户，在信息传播方面具有得天独厚的优势。为了使本场直播有更好的宣传预热效果，小艾决定把设计好的直播宣传文案和直播预告短视频发布到公司提供的营销专用微信账号的朋友圈中，具体操作如下。

视频

在微信朋友圈中发布直播预告

步骤 01　打开微信App，点击"发现"选项，在打开的界面中点击"朋友圈"选项，如图4-46所示。

步骤 02　在打开的界面中点击右上角的 ◎ 按钮，在弹出的面板中点击"从相册选择"选项。

步骤 03 在打开的界面中点击制作好的直播预告短视频，点击右下角的 完成 按钮。进入编辑界面，此处不做任何修改，点击 完成 按钮，如图4-47所示。

步骤 04 短视频上传成功后，在打开的界面上方的文本框中输入直播宣传文案，如图4-48所示，点击 发表 按钮。

图4-46 点击"朋友圈"选项　　　图4-47 上传短视频　　　图4-48 输入直播宣传文案

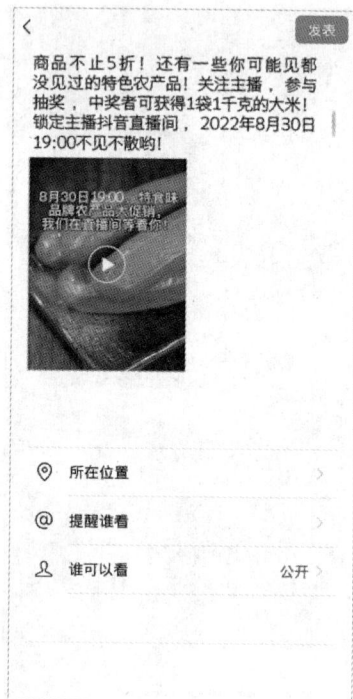

第四步 在微博中发布直播预告

除了微信，人们现在也经常使用微博获取信息。为了扩大信息的传播范围，小艾决定在微博中也发布与微信朋友圈相同的直播预告并添加话题，具体操作步骤如下。

视频

在微博中发布直播预告

步骤 01 打开微博App，进入微博首页，点击界面右上角的 ⊕ 按钮，在打开的列表中点击"写微博"选项。

步骤 02 进入"发微博"界面，在文本框中输入直播宣传文案，如图4-49所示，点击输入法面板上方的⊕按钮，在弹出的面板中点击"相册"选项。

步骤 03 在打开的界面中选择制作好的直播预告短视频，在打开的编辑界面中点击 下一步 按钮。

步骤 04　短视频上传成功，点击界面下方的⊞按钮，在打开的界面搜索框中输入"农产品"，在打开的列表中选择"农产品"话题，如图4-50所示。

步骤 05　返回"发微博"界面，点击 发送 按钮发布微博，如图4-51所示。

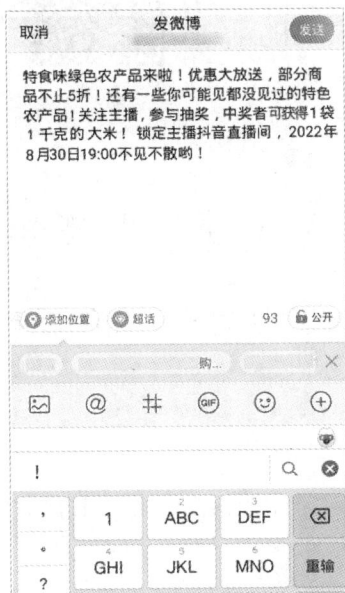

图4-49　输入微博内容　　　　图4-50　选择话题　　　　图4-51　发布微博

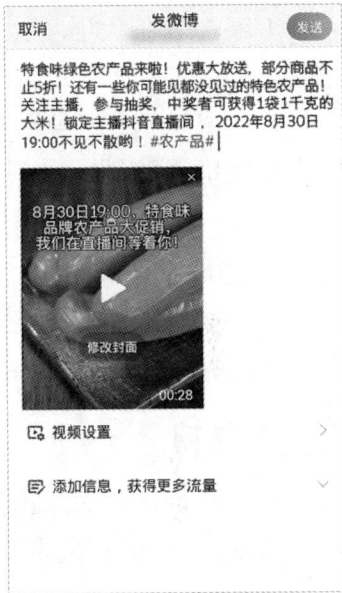

📑 经验之谈

除了在微信朋友圈、微博上发布直播预告信息，主播还可在微信公众号、微信群、QQ群中发布直播预告信息。另外，主播还要注意直播宣传的时间，一般应提前3天准备好海报、文案、短视频等宣传资料，然后在正式直播前的1～3天开展直播预热。

同步实训

👤 实训一　为某品牌汉服撰写单品直播脚本

📋 实训描述

汉服是我国的传统服饰。近年来，随着"汉服热"的兴起，我国汉服的爱好者数量和市场规模快速增长，不少汉服品牌随之崛起。"汉裳"是一个新兴的汉服品牌，其上新了一款齐腰一片式褶裙，本次实训请同学们依据该商品的简介设计单品直播脚本。

（1）材质。主料采用亮丝骑兵斜（100%聚酯纤维），耐磨透气；里料采用50D四面弹（100%聚酯纤维），有轻微弹性，穿着舒适。

（2）颜色。裙身呈从象牙黄色到白色再到暖黄色的渐变色。

彩图

汉服商品图

（3）工艺。裙身褶皱采用高温冷压工艺，不易散；裙头开孔，加里料防透，并采用暗线工艺。

（4）印花纹样。裙身搭配孔雀和白色绣球花主题刺绣，整体清新淡雅；主料自带细闪效果。

（5）优惠。某电商平台旗舰店的售价为238元/件，直播间的售价为178元/件，再送1条纯色双面印花腰带。

✖ 操作指南

本次实训的单品直播脚本示例如表4-6所示，请同学们根据该商品的简介与示例设计单品直播脚本，并填写表4-7。

表4-6　齐腰一片式褶裙直播脚本示例

要点	脚本具体内容
商品或品牌介绍	"'汉裳'的品牌理念是通过设计、宣传与销售汉服，普及和传承汉服文化。"
商品核心卖点	"这是一款齐腰一片式褶裙，美妙的渐变效果让人挪不开眼。穿上它，行走起来十分灵动！搭配孔雀和白色绣球花主题刺绣，整体清新淡雅。它的裙头、褶皱和下摆，都经得起挑选和检验。"
利益点强调	"'汉裳'品牌齐腰一片式褶裙耐磨透气、穿着舒适，不仅适用于聚会、汉服活动等场合，日常穿着也非常合适。品牌对细节的处理别具匠心，能很好地展现您的气质。穿上它，您就会摆脱沉闷、枯燥与乏味，亲身感受中华传统文化，让生活不再单调。"
引导转化	"'汉裳'在某电商平台旗舰店的售价为238元/件，现在直播间只要178元/件，再送1条纯色双面印花腰带，这样的福利错过了就没有了！"

表4-7　单品直播脚本

要点	脚本具体内容
商品或品牌介绍	
商品核心卖点	
利益点强调	
引导转化	

💬 实训评价

同学们完成实训操作后，提交单品直播脚本。老师根据单品直播脚本，按表4-8所示内容进行打分、点评。

表4-8　实训评价

序号	评分内容	总分	老师打分	老师点评
1	是否掌握了单品直播脚本的写作要点	50		
2	能否撰写出完整的单品直播脚本	50		

最终得分：_____

👤 实训二　设计直播宣传海报

📋 实训描述

"采春轩"是云南某地的茶叶品牌。2022年5月1日19:00，该品牌将在其抖音官方直播间开展专场直播，进入直播间的用户关注主播即可领取一张10元的优惠券，分享直播间可参与抽奖，中奖者可免费领取一个陶瓷小茶杯。请同学们根据提供的素材图片为其设计一张直播宣传海报。

视频

设计直播宣传海报

🔧 操作指南

创客贴官方网站提供了许多海报模板，同学们选择合适的模板后进行简单的操作就可以轻松设计出精美的海报。下面进入创客贴官方网站，针对茶叶产品选择一个清新淡雅风格的模板，制作直播宣传海报，具体操作如下。

步骤 01 进入创客贴官方网站，登录后选择左侧导航栏中的"模板中心"选项。打开模板中心页面，在上方的搜索框中输入"直播预告"，按【Enter】键搜索，选择"场景"栏中的"手机海报"选项，再选择"价格"栏中的"免费"选项，然后在下方的模板中选择图4-52所示右下角的模板。

图4-52 选择模板

步骤 02 进入制作页面，选择模板海报中的卡通人物，单击页面上方的 换图 按钮，在打开的"打开"对话框中选择要更换的图片，此处选择"采茶.png"图片（配套资源：\素材文件\项目四\采茶.png），然后单击 打开(Q) 按钮。

步骤 03 此时图片已上传到海报中，调整图片到合适位置，效果如图4-53所示。

图4-53 替换图片效果1

步骤 04　选择海报左侧上方的一支稻穗，按【Delete】键删除，再按照同样的方法删除海报左上角的图片。选择剩下的一支稻穗，按照步骤03的方法将其替换为"茶叶.png"图片（配套资源：\素材文件\项目四\茶叶.png），然后放大并移动到海报左上角，效果如图4-54所示。

图4-54　替换图片效果2

步骤 05　将页面上方的文字修改为"茶叶上新 邀您共品"，将页面左侧的两段文字分别修改为"采春轩专场直播要开始啦！""关注主播可领取10元优惠券，分享直播间就有机会免费领取陶瓷小茶杯！"，将"直播时间"文本框下方的文字修改为"2022年5月1日19:00"。

步骤 06　将文本框按照图4-55所示的位置排列，然后删除海报底部的地址、网址、小程序码、电话号码和白色底纹。

步骤 07　海报制作完毕后，单击页面右侧的 下载 ▼ 下拉按钮，打开"下载作品"对话框，在其中选择文件类型、尺寸、使用类型，此处保持默认设置不变，如图4-56所示，然后单击 下载 按钮，将海报下载到计算机中（配套资源：\效果文件\项目四\直播宣传海报.png）。

图4-55　重新排列文本框

图4-56　下载直播宣传海报

💬 实训评价

同学们完成实训操作后，老师将根据每位同学的直播宣传海报设计效果，按表4-9所示内容进行打分、点评。

表4-9　实训评价

序号	评分内容	总分	老师打分	老师点评
1	能否选择合适的海报模板	20		
2	能否能快速替换文字、图片	30		
3	能否能制作美观且有吸引力的海报	50		

最终得分：_____

项目总结

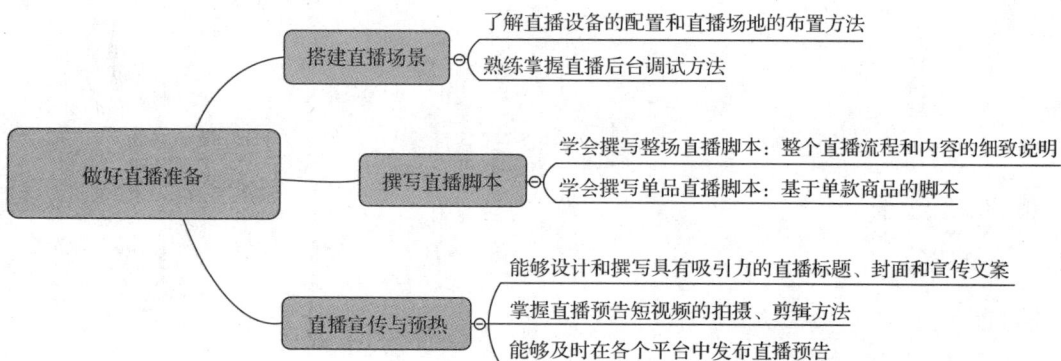

搭建直播场景
- 了解直播设备的配置和直播场地的布置方法
- 熟练掌握直播后台调试方法

做好直播准备

撰写直播脚本
- 学会撰写整场直播脚本：整个直播流程和内容的细致说明
- 学会撰写单品直播脚本：基于单款商品的脚本

直播宣传与预热
- 能够设计和撰写具有吸引力的直播标题、封面和宣传文案
- 掌握直播预告短视频的拍摄、剪辑方法
- 能够及时在各个平台中发布直播预告

项目五

开展直播

情境创设

　　小艾的直播准备工作做得非常好，为了让她在实践中增强专业能力、提高职业素养，老李准备让小艾担任特食味本场直播的主播，自己担任助理，辅助小艾完成直播销售。

　　特讯运营近两天还有两场生活用品和服装领域的直播，为了让小艾积累直播经验，也为其后期向多品类直播方向发展做准备，老李又安排小艾参与这两场直播并担任直播助理这一角色。

学习目标

知识目标

1. 掌握农产品的直播销售方法。
2. 掌握生活用品的直播销售方法。
3. 掌握服装的直播销售方法。

技能目标

1. 能够开展农产品直播，提升农产品知名度。
2. 能够开展生活用品直播，促使用户下单。
3. 能够开展服装直播，激发用户的购买欲望。

素养目标

1. 熟知广告禁用词，使用合规、文明的直播用语。
2. 全面、真实、准确地披露商品信息，实事求是地进行商品讲解。

任务一 农产品直播

任务描述

特食味的直播就要开始了，小艾从"助农直播达人"的人设定位出发，对直播讲解进行了准备，准备内容既包括农产品相关的专业知识，也包括特食味农产品的独特卖点。

任务实施

活动一 传播农产品知识

大部分领域的热门主播都有一个相同点——以自身的专业知识来吸引用户，赢得用户的信任。因此，要想让用户信服，农产品主播一定要能流利地讲解农产品知识，包括农产品基本信息和农产品品类知识。

第一步 讲解农产品基本信息

讲解农产品基本信息即介绍"农产品是什么"，包括农产品的名称、品牌、数量、保质期等参数。在讲解时，主播可以采用直接介绍法，也可以采用故事法来让用户对农产品产生兴趣。

1. 直接介绍法

直接介绍法是指主播直接罗列农产品的基本信息，其优势是比较节约时间，可以直接让用户了解农产品，省掉不必要的询问过程。图5-1所示为广西的七彩椒，主播使用直接介绍法讲解时，就可以结合图5-2的参数信息直接说明七彩椒的产地、规格、级别、口感等。

图5-1 商品图片

名称：七彩椒
产地：广西桂林
规格：净重2.5千克
级别：优选中大果
口感：香辣可口
保存方法：常温存储

图5-2 商品参数信息

2. 故事法

故事法也就是采用讲故事的形式讲解农产品。主播在直播间讲好农产品的故事，能够唤起用户的同理心，快速拉近与用户的距离，加深用户对农产品的印象，增强用户对农产品的感知。主播讲的故事可以是自己的故事，也可以是他人的故事。讲故事时要注意，语言应生动有趣，不能过于直白，以让用户在轻松、舒适、娱乐的氛围中接受农产品。

"我在农村长大，夏末初秋时节，躺在农村院子里的凉席上，听大人们讲他们一天的收获和第二天的计划。夜风吹来，树叶沙沙作响，空中繁星点点，偶尔飞过一两只鸟儿，它们发出清脆的声音。那些夜里，我要么抱着一个在井里冰镇过的西瓜大快朵颐，要么啃着一根自家地里种的玉米，那根玉米的口感就正如这根玉米，我回不到那段时光，但我可以找到那段时光属于我的味道……"这是某主播在介绍某款玉米时讲述的故事。该主播回忆了儿时乡村夏夜乘凉的情景，通过对环境的生动描述，营造了一个宁静美好的场景，并在这个场景中植入要推荐的玉米，引导用户去想象玉米的口感。

第二步 讲解农产品品类知识

在直播中讲解农产品品类知识时，就是以"科普"的形式向用户介绍农产品的标志、等级、品种等知识。讲解农产品品类知识不仅可以强化专业农产品主播的人设,还可以为销售的农产品做宣传。

1. 农产品标志

我国的农产品有无公害农产品、绿色食品、有机农产品和农产品地理标志的认证。

(1)无公害农产品。无公害农产品是指产地环境、生产过程符合国家相关规定,有毒有害物质残留量控制在安全质量允许范围内,并通过有关部门授权审定批注,允许使用无公害农产品标志的未经加工的或初加工的食用农产品。图5-3所示为无公害农产品的标志。

(2)绿色食品。绿色食品是指遵循可持续发展原则,按照特定生产方式生产,经国家特定机构认可,准许使用绿色食品标志的无污染、安全、优质、营养类食品,如绿色水稻、绿色蔬菜、绿色水果、绿色水产品等。图5-4所示为绿色食品的标志。我国绿色食品标准又分为A级和AA级:前者允许在农产品生长过程中限时、限量、限品种使用安全性较高的化学合成生产资料;后者要求在农产品生产过程中不使用化学合成的肥料、农药、兽药、饲料添加剂、食品添加剂和其他对环境及健康有害的物质。

图5-3 无公害农产品的标志

图5-4 绿色食品的标志

(3)有机农产品。有机农产品是指按照有机农业原则和有机农产品生产方式及标准生产、加工出来的,已通过认证机构认证的纯天然、无污染、高品质、高质量、安全营养的高级农产品。图5-5所示为有机农产品的标志。

(4)农产品地理标志。农产品地理标志是指标示农产品来源于特定地域,产品品质和相关特征主要取决于自然生态环境和历史人文因素,并以地域名称冠名的特有农产品标志,如和田玉枣、天山大明绿豆、军山湖大闸蟹等。图5-6所示为农产品地理标志。

图5-5 有机农产品的标志

图5-6 农产品地理标志

> **知识窗**
>
> **转基因和非转基因农产品**
>
> 转基因农产品是指通过转基因技术，即利用分子生物学手段将某些生物基因转移到另一生物基因上栽培、育种或改良的农作物产品；非转基因农产品是相对于转基因农产品而言的，是指不含有任何转基因成分或含有的转基因成分总量低于某个阈值的农产品。
>
> 需要注意的是，非转基因农产品不等同于绿色食品或有机农产品，某些农产品在广告宣传中声称的非转基因"更健康""更安全"属于不实宣传。主播在讲解时要谨慎用词。
>
> **知识窗**

2. 农产品等级

除了标志，我国许多的农产品还有等级评定，评定项目包括农产品的内在质量、外观质量和包装质量等。例如，小红枣（金丝小枣、鸡心枣等）按照果形和个头、品质等可以分为特等、一等、二等、三等4个等级，具体如表5-1所示。

表5-1 小红枣等级划分

等级	果形和果实个头	品质	损伤和缺陷	含水率
特等	果形饱满，具有本品种应有的特征，果大均匀	肉质肥厚，具有本品种应有的色泽，身干，手握不粘个，总含糖量≥75%，一般杂质不超过0.5%	无霉变、浆头、不熟果和病虫果。允许破头、油头果两项不超过3%	不高于28%

续表

等级	果形和果实个头	品质	损伤和缺陷	含水率
一等	果形饱满，具有本品种应有的特征，果实大小均匀	肉质肥厚，具有本品种应有的色泽，身干，手握不粘个，总含糖量≥70%，一般杂质不超过0.5%，鸡心枣允许肉质肥厚度较低	无霉变、浆头、不熟果和病虫果。允许虫果、破头、油头果三项不超过5%	不高于28%
二等	果形良好，具有本品种应有的特征，果实大小均匀	肉质较肥厚，具有本品种应有的色泽，身干，手握不粘个，总含糖量≥65%，一般杂质不超过0.5%	无霉变、浆头果。允许病虫果、破头、油头果和干条四项不超过10%（其中病虫果不得超过5%）	不高于28%
三等	果形正常，具有本品种应有的特征，果实大小较均匀	肉质肥瘦不均，允许有不超过10%的果实色泽稍浅，身干，手握不粘个，总含糖量≥60%，一般杂质不超过0.5%	无霉变果。允许浆头、病虫果、破头、油头果和干条五项不超过15%（其中病虫果不得超过5%）	不高于28%

除此之外，大米按照加工精度分为精碾和适碾，枸杞按照形状、杂质、色泽等感官指标分为特优、特级、甲级、乙级。主播在讲解农产品等级相关的知识时，可以将该场直播的商品结合的相关国家标准向用户"科普"。例如，就某款特等小红枣而言，主播可以说："这款小红枣属于特等级别，你看啊，它的果形十分饱满，个头均匀，我们把它掰开后可以看到，它肉质肥厚，无霉变，更没有虫子。来尝一尝，非常甜！包装上标注的总含糖量超过了75%，口感很好，软糯香甜。"

3. 农产品品种

除了标志和等级相关的知识外，主播还可以在介绍农产品时就品种展开叙述。例如，直播销售的农产品是陕西红富士苹果，主播就可以向用户介绍苹果的品种有哪些，并重点说明所售卖的陕西红富士苹果的特点——体积大、遍体通红、果肉紧实爽脆等。

👤 活动二　凸显农产品关键卖点

一款商品的卖点是比较多的，但在直播有限的时间里，主播是不可能将所有卖点一一讲解的。因此，主播可以选择一些能够使所售农产品与同类农产品相区别的关键卖点，如味道、产地、外形、价格等进行讲解。

（1）味道。就可食用的农产品而言，味道好是促使用户下单购买的重要因素。但是直播时，主播与用户并不是面对面的，用户不能亲自品尝农产品，只能通过主播的表现来感受农产品的味道。因此，要想体现农产品味道方面的卖点，主播就要用语言表达出美感，围绕农产品的味道进行描述，并搭配一些肢体动作，突出农产品的可口，这样对用户才更有吸引力。例如，图5-7所示的农产品主播就是现场试吃，并配合表情和肢体动作，以表现农产品的味道非常好。

另外，如果农产品需要烹饪，主播可以现场烹饪（见图5-8）展示烹饪过程，尽量多用近景展示农产品的全貌，详细描述农产品的外观，试做、试吃后再描述农产品的味道、口感等，这样既向用户传递了农产品的烹饪方法，也展示了农产品的美味。

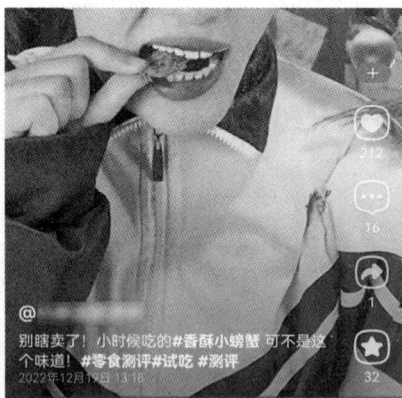

图5-7　试吃农产品

图5-8　烹饪农产品

（2）产地。对农产品来说，产地也是一大关键卖点。一般来说，具有地域代表性的农产品不仅承载了用户对农产品地域特征的印象，还承载了用户对农产品优良品质的高度认可。例如，要在直播间售卖新疆葡萄，主播就可以将产地作为卖点，因为新疆拥有充足的日照，十分有利于葡萄进行光合作用，新疆葡萄色泽鲜艳、含糖量高，已深受大家认可。

📋**经验之谈**

要想以产地为关键卖点来介绍、销售农产品，在条件允许的情况下，主播可以将直播场地移到地里田间，向用户展示真实的场景，以有效提升用户的参与感，让用户通过直播获得实时、实地的体验。

（3）外形。如果农产品的外形比其他同类农产品更有优势，主播可以在直播时强调农产品的外形，如个大饱满、红润有光泽等。如果农产品的外形比较独特、少见，那么主播在直播时还可以采用对比的方法来展现农产品外形的独特。例如，同样是桃子，图5-9所示为市面上常见的桃子，图5-10所示为外形比较独特的桃子，主播在讲解时就可以强调其外形方面的特点。

图5-9　市面上常见的桃子

图5-10　外形比较独特的桃子

（4）价格。许多人选择在直播间购买商品的一大原因就是可以享受价格优惠。就直播销售而言，客单价低、性价比高的商品非常容易成为热销商品。因此，如果农产品拥有价格优势（直播间的农产品比其他同类农产品价格低），主播可以将价格作为一大卖点。要想将价格作为农产品的关键卖点，主播可以采用价格对比的形式，将直播间农产品的价格与农产品的历史价格做对比、与同类农产品的价格做对比、与其他平台农产品的价格做对比，或者向用户强调直播间的满减、折扣等优惠活动，突出自己直播间的价格更低。例如，"给大家看看这款大米平时的售价哦，1袋是79元，今天在直播间买两袋只需要129元，真的特别优惠，小伙伴们千万不要错过！"。

动手做

选定直播要展现的关键卖点

图5-11所示为某主播准备直播推荐的商品，请同学们为其选定一个关键卖点，并说明原因。

图5-11　商品图

活动三　增加农产品附加值

我国农产品的同质化程度较高，主播要想在同类农产品直播中脱颖而出，提高农产品销量，还可以增加农产品附加值，如从品牌和包装两方面入手。

（1）品牌。除了质量外，农产品深层次的竞争是品牌建设和文化内涵的竞争。打造独具特色的品牌，赋予农产品特殊的文化意义，不但可以提升农产品的档次，还可以提升农产品的知名度，增加农产品的销量。在直播时，主播可以强调农产品的品牌理念，如"特食味拥有先进的设备和原料检测仪器、科学高效的工艺流程、干净卫生的生产加工环境，符合国家绿色食品生产标准，其生产的农产品销往北京、上海、广东、浙江、四川、云南等20多个地区。特食味遵循'为健康选好粮'的理念，严格把控大米从农田到餐桌的每一个细节"。主播也可以讲述品牌故事，如品牌创始人故事、品牌创建故事、种植人"匠心种植"故事等。图5-12所示为某茶叶品牌故事部分截图，其很好地体现了品牌创始人不忘初心的情怀，能提升用户对品牌的好感，主播在直播时就可以补充讲述。

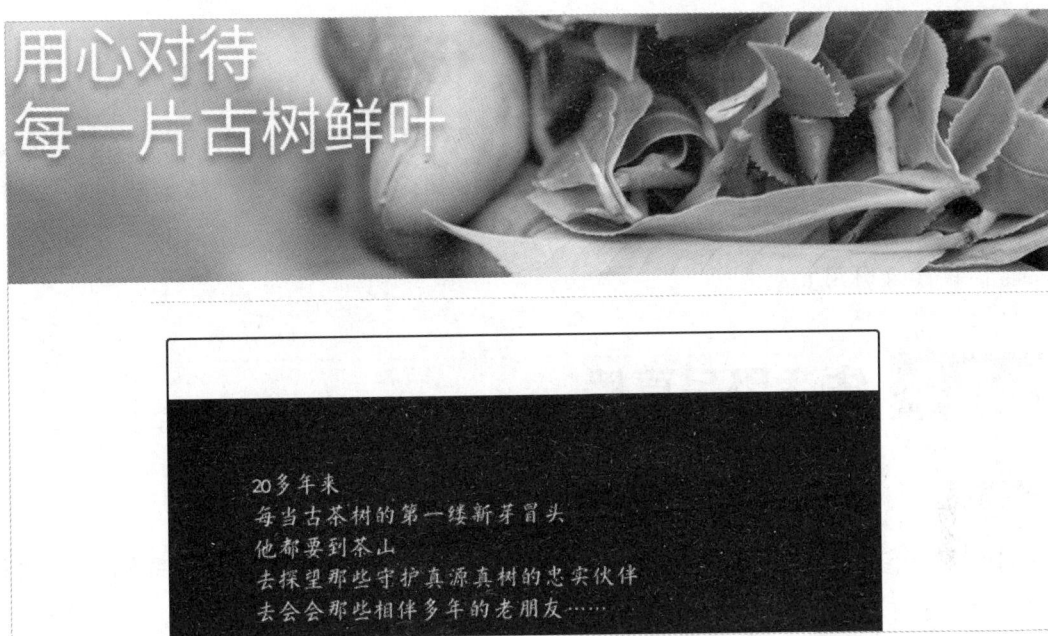

用心对待
每一片古树鲜叶

20多年来
每当古茶树的第一缕新芽冒头
他都要到茶山
去探望那些守护真源真树的忠实伙伴
去会会那些相伴多年的老朋友……

图5-12　某茶叶品牌故事部分截图

（2）包装。良好的包装不仅能够在农产品运输过程中为农产品提供更好的保护，还能提升用户对农产品的好感，增加农产品附加值。图5-13所示为某品牌的草莓包装，主播在讲解时就可以说："这款草莓的包装太精致、太用心了！给大家看看，内包装用泡沫网套直接包裹单个草莓，再使用异形泡沫内衬做缓冲，进一步固定草莓，能很好地保护草莓！外包装是设计师精心设计的，黑色搭配金色，看起来特别上档次、大气！"

图5-13　草莓包装

> **📄 经验之谈**
>
> 　　农产品的数量稀少也能够大大提升其在用户内心的价值感，激发用户的购买欲望。在描述这类农产品的卖点时，主播可以使用"珍稀""稀少"等词突出农产品的稀缺性，制造紧迫感，以提高农产品的销量。例如，在描述岩蜜时，主播就可以着重突出这种蜂蜜需要在悬崖峭壁上采蜜，采蜜难度大，因此产量较少，以其稀缺性吸引用户。

任务二　生活用品直播

任务描述

　　小艾的首次直播工作顺利结束后，老李马上将某生活用品品牌相关的直播脚本、商品信息交给了她。小艾发现该场直播要销售的商品较多，为了更好地辅助主播销售这些生活用品，她在熟悉脚本后，逐一总结了这些商品的卖点。另外，由于小艾作为直播助理要在直播中辅助主播试用产品，因此她还提前学习了现场试用商品的相关知识。

任务实施

👤 活动一　介绍生活用品的关键卖点

　　生活用品是人们日常生活中的消耗品，主播在推荐时可以从实用、耐用、优惠、美观等卖点入手。

　　（1）实用。实用即从生活用品的功能出发，说明其非常好用。例如，图5-14所示为某品牌扫把，主播在介绍时就可以说："小伙伴们，你们在扫地的时候有没有遇到过头发、灰尘怎么也扫不干净，扫把头上缠绕的头发怎么也清理不干净的情况？今天给你们推荐一款我自己家就在用的扫把。这款扫把设计了刷毛非常浓密的刷头和斜角，不仅可以很好地扫走头发和灰尘，还不会留卫生死角。另外，搭配的簸箕设计了刮齿，能够很轻松地刮走扫把头上的垃圾，包括头发和灰尘，真的特别好用！"

图5-14　某品牌扫把

（2）耐用。耐用主要通过商品的使用寿命来反映。主播可以强调生活用品的质量，从材质、制作工艺方面说明其耐用性。例如，图5-15所示为某品牌的垃圾袋，主播在介绍时可以说："小伙伴们，买质量好的垃圾袋太重要了！我上周打扫卫生时用了新买的垃圾袋，结果刚提出门垃圾袋就坏了，瓜果皮、烂菜叶掉了满地！经过挑选对比，我终于找到了一款质量非常好的垃圾袋。这款垃圾袋使用加厚PP（聚丙烯）材质，韧性强、耐高温，非常耐用！"

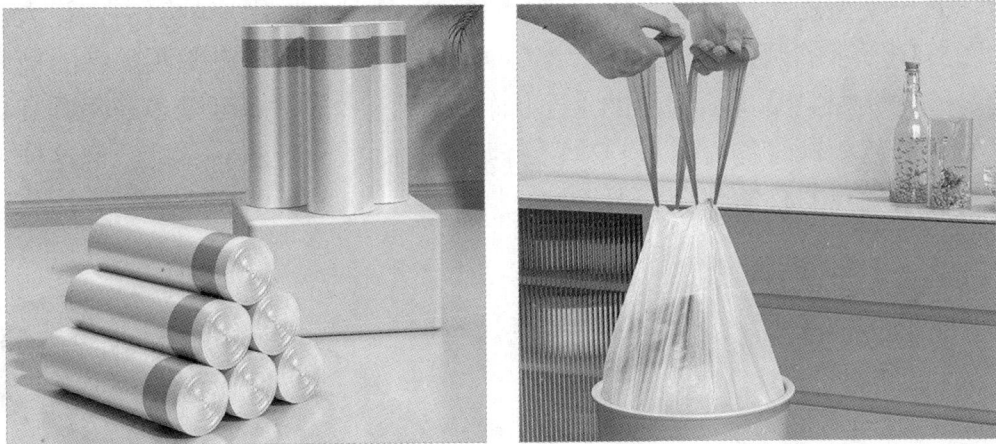

图5-15 某品牌的垃圾袋

（3）优惠。讲解生活用品的实用、耐用可以体现生活用品的使用价值，而强调优惠能够体现生活用品的高性价比。因此，在直播带货过程中，主播可以不断提醒用户购买商品所能享受的优惠，让用户意识到商品的高性价比，从而激发用户的购买欲望。

由于直播间商品的售价一般都会比平时的售价低，主播在说明生活用品的优惠时，一方面可以先说出生活用品的原价，再说出直播间的优惠价，通过价格对比来刺激用户产生购买欲望；另一方面还可以通过层层递进的话术来让用户感觉到生活用品的优惠。例如，某品牌给的最低折扣是7折（这个折扣对于很多用户来说并不具有很大的吸引力），那么主播一开始可以说："今天××品牌做促销，价格要比平常低，直接打9折！"如果有用户说9折的力度不大，主播就可以趁势说："小伙伴们，9折的价格已经比平时低很多了，不过为了显示我的诚意，今天打8折！"如果还有要求更大力度的折扣，那么主播可以说："8折已经是很低的价格了，我非常难办呢，但是看小伙伴们这么热情，为了感谢你们的支持，我决定再给大家一些福利，直接打7折！这个价格真的是很划算了，我们马上上链接，小伙伴们请准备！"。这种持续互动并一步步给出更多优惠的方式可以让用户的购买热情越来越高。

┌───┐
经验之谈

　　主播在说出商品的价格时，语速要快，声音要饱满，音量要大，向用户传达商品的优惠力度，让用户兴奋起来，进而下单购买。
└───┘

　　（4）美观。一般来说，在直播间购买生活用品的用户中，女性用户的占比较大。而对于某些女性用户而言，生活用品是否美观也是影响其是否购买的因素。同一类型的生活用品，更美观的生活用品对女性用户的吸引力更大。例如，图5-16所示的两款雨伞，前者比后者更美观，那么用户购买前者的概率就更大。因此，如果某生活用品的外形比较好看，那么主播可以多多强调其美观性，如"这款雨伞真的好可爱！伞面有可爱的兔子、胡萝卜。打一把这样的伞出门，我感觉我的心情都会变得很好！"。

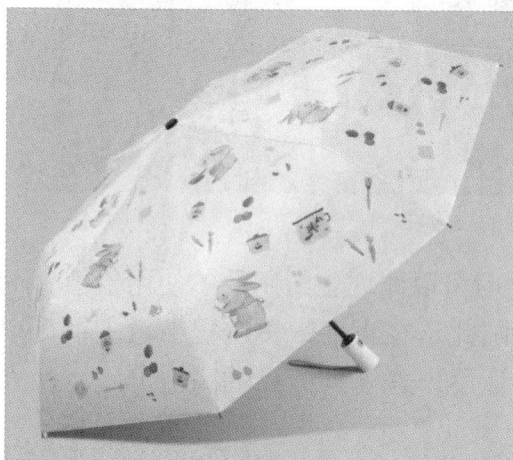

图5-16　两款雨伞

┌───┐
素养小课堂

　　主播在推荐商品时，通常会重点介绍商品的功能。需要注意的是，主播在介绍商品的功能时应客观、实事求是，不可夸大，更不能虚假宣传。
└───┘

👤 活动二　试用生活用品

　　试用即在直播现场亲自使用商品。主播在直播现场试用生活用品，可以将商品卖点具象化，从而让商品卖点更具说服力，为用户营造真实的体验感。主播在试用生活用品时，可以采用实验的方法验证生活用品的卖点或对比使用前后的效果。

（1）验证生活用品的卖点。在此过程中，主播要展示生活用品的使用方法和使用过程，验证其讲述的卖点，并分享使用体验与效果，激发用户的使用需求和购买欲望。例如，某直播间的主播针对行李箱的静音、耐摔的卖点进行了试用、验证，如图5-17所示，以提升用户对行李箱的信任感。

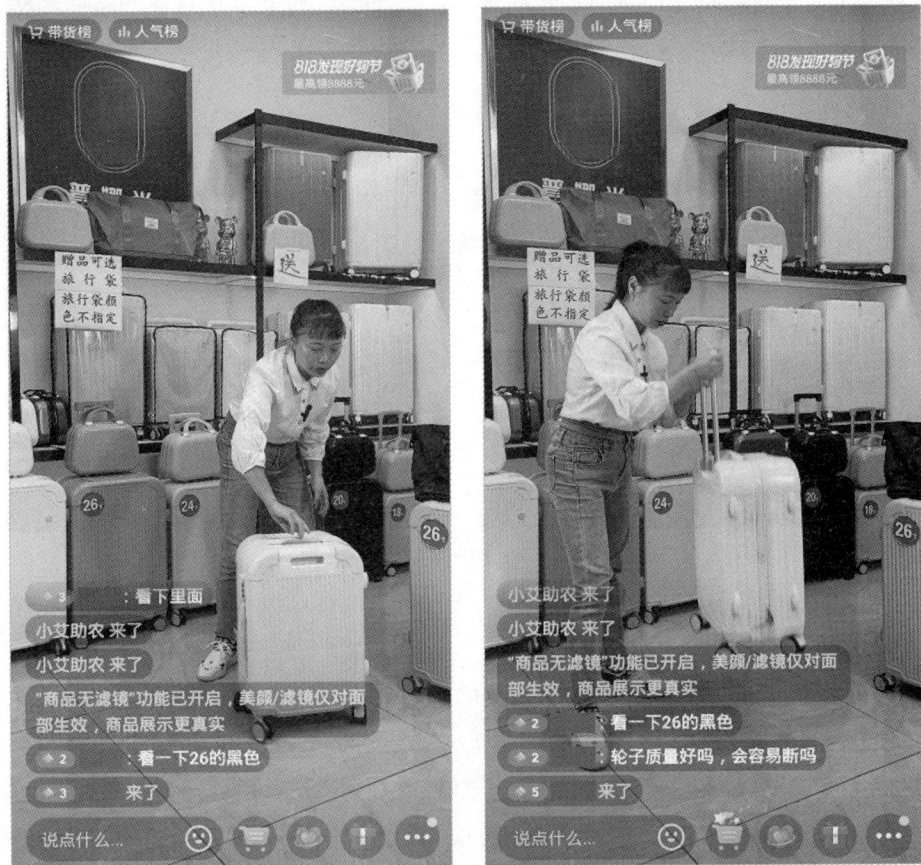

图5-17 验证卖点

（2）对比使用前后的效果。对比使用前后的效果可以让用户形象地了解生活用品的使用效果。例如，就拖把而言，展示地面清扫前和地面清扫后的效果，可以让用户了解拖把的清洁能力，增强用户对拖把的兴趣；就收纳箱而言，展示收纳前的凌乱和收纳后的整齐，可以让用户了解收纳箱的优点，引起用户关于使用收纳箱整理衣物、工具的联想。例如，某直播间的主播对比了某款洗碗毛巾使用前后的效果，如图5-18所示，突出该毛巾不沾油、易清洁的卖点，激发用户的购买欲望。

另外，主播还可以将自己销售的生活用品与同类生活用品的使用效果进行对比，让用户能够直观地看到主播销售的生活用品的优势，提升用户对自己销售的生活用品的信任度。

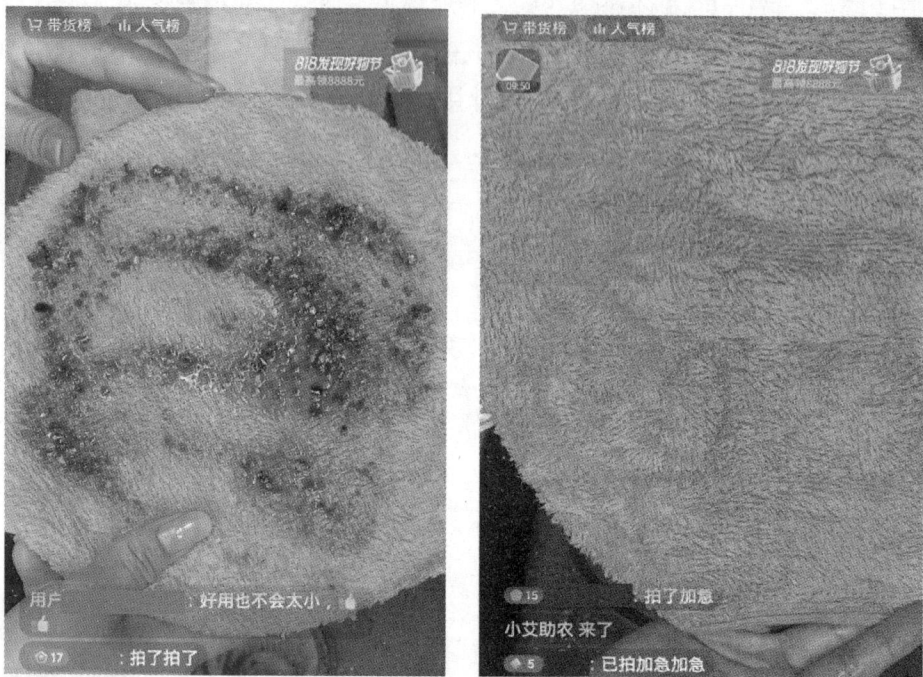

图5-18 对比使用前后的效果

📑 经验之谈

在试用生活用品时，主播要用生动的语言将自己的使用感受描绘出来，使用户产生联想，如"这款行李箱真的非常轻，感觉跟我的平板电脑差不多重"。主播吐字要清楚、声音要洪亮，尽量让自己的表情丰富、生动，同时配合一些肢体动作等，因为这些肢体动作会提升主播的亲和力，拉近主播与用户之间的距离。

任务三 服装直播

任务描述

在辅助完成生活用品的直播后，小艾又拿到了某服装品牌的一些直播脚本、商品信息。在小艾看来，服装直播中需要讲解的要点较多，不仅要说明服装的基本信息、卖点、品牌信息，还要展示服装试穿效果。在与主播和团队人员沟通后，小艾便紧锣密鼓地投入了直播工作。

任务实施

👤 活动一　说明服装卖点

服装应当舒适合体、展现美感。就服装而言，主播在直播时可以从面料、板型和款式设计、做工、价格等方面进行介绍。

（1）面料。面料是用户购买服装时比较看重的，也是吸引用户购买的重要依据。因此主播在讲解服装时，应当着重介绍服装的面料，展示面料的特性，突出面料舒适、耐磨、不易变形等优势。例如，图5-19所示为某品牌女装直播间，该直播间主播在讲解打底衫时就着重讲解了该服装使用的是针织面料，不仅有弹性，还非常透气、舒爽。

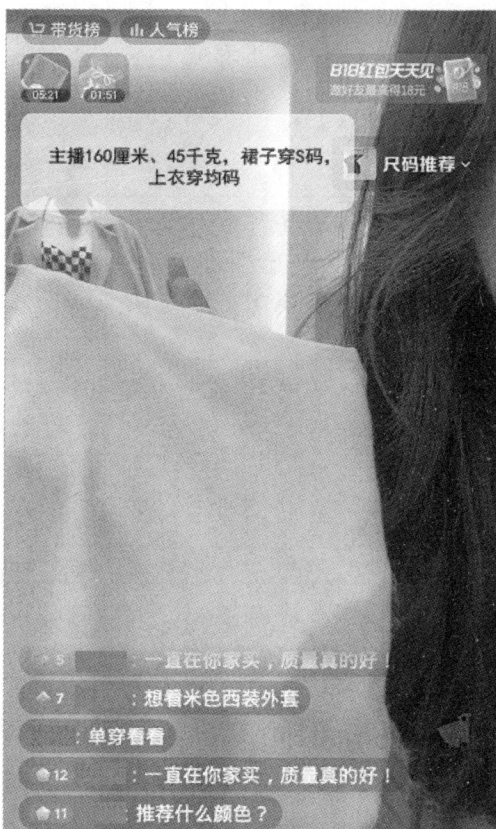

图5-19　说明面料优势

（2）板型和款式。在生活富足的今天，用户购买服装时还要求服装能展现一定的美感或时尚感。因此，主播在讲解服装时，还应当突出服装板型和款式的优点，如凸显身材、修饰身材等。表5-2所示为不同板型和款式的服装可以着重说明的卖点。

表5-2 不同板型和款式的服装可以着重说明的卖点

板型和款式		说明	卖点
板型	A版	上窄下宽。上衣和大衣以不收腰、宽下摆，或收腰、宽下摆为基本特点，并且上衣一般肩部较窄、衣摆宽松；裙子和裤子多是紧腰、宽摆	这种板型的服装可以很好地修饰肩宽、胯宽、大腿粗等，显得人身材匀称
	H版	肩部、腰部、下摆宽窄一致。上衣和大衣以不收腰、窄下摆为基本特点，呈直筒状；裙子和裤子也多是上下等宽的直筒状，部分裙子可能有略微收腰的设计	这种板型的服装裁剪干脆利落，给人一种纵向拉长的视觉感受，能很好地修饰溜肩、肩窄、胯窄等，可以塑造修长身材
	O版	肩部、腰部及下摆处没有明显的棱角。腰部线条宽松，整个服装外形类似于圆形或椭圆形，常见于毛呢大衣	这种板型的服装能很好地修饰肩宽、小腹凸出、臀部宽等，整体看起来很柔和，给人一种温暖、可爱的感觉
	X版	肩部稍宽、腰部收紧、下摆自然放开。上衣和大衣以宽肩、阔摆、收腰为基本特点；裙子和裤子以上下肥大、中间收紧为基本特点	这种板型的服装多为女装，能很好地凸显身材，修饰肩窄、臀部宽等，显得人优雅、知性
款式	短款	衣长较短，下摆多在腰部及腰部以上的位置	可以从视觉上拉长双腿，上身干净利落、不拖沓
	中长款	中等衣长，下摆多在腰部以下、膝盖以上的位置	可以修饰臀部宽、大腿粗等，如果是大衣或羽绒服，则保暖性比较好
	长款	衣长较长，下摆多在膝盖以下的位置	可以塑造修长身材，如果是大衣或羽绒服，则保暖性好

（3）做工。为了彰显服装的品质，主播还可以介绍服装的做工。例如，图5-20所示为某女装直播间的主播在讲解时就强调连衣裙采用手工串珠和提花工艺，借助与众不同的做工来吸引用户购买。

（4）价格。如果是价格较低的服装，主播可以重点介绍低价所带来的高性价比。与农产品和生活用品相同，主播在报价时要先报服装的原价，再报直播间的优惠价，通过价格对比来刺激用户产生购买欲望。例如，图5-21所示的直播间，价格低就是其一大卖点，主播在讲解时就反复强调了原价和直播间的优惠价，以凸显直播间的优惠价。

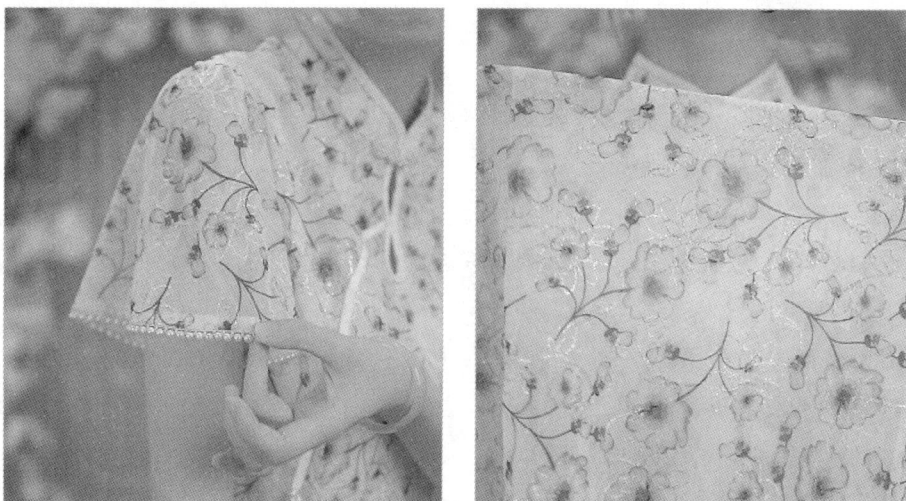

图5-20 借助与众不同的做工来吸引用户购买

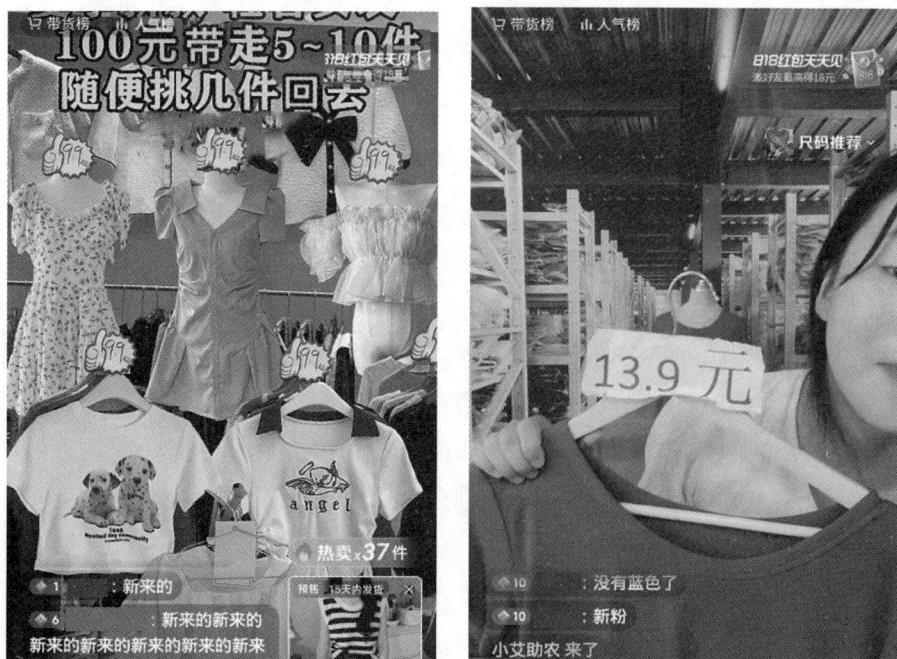

图5-21 反复强调价格低

知识窗

常见服装面料

要想从面料出发说明服装的优势，就要了解常见的服装面料及其特点。

（1）棉麻：优点是质地柔软，透气性和吸湿性好，穿着舒适；缺点是弹性较差，易皱。

（2）丝：优点是柔软、光滑，垂感好，透气性和吸湿性好，光泽感好；缺点是易皱、勾丝。

（3）毛：优点是弹性好、抗皱、耐穿耐磨、保暖性强；缺点是洗涤难度大，水洗后可能会缩水、变形。

（4）针织：优点是柔软，弹性和透气性好；缺点是易脱散、吸湿性较差。

（5）皮革：优点是保暖、防水，易清洗，柔韧性好，手感、触感好；缺点是不耐磨，易破损、发霉，需要保养。

（6）合成纤维。合成纤维包括涤纶（聚酯纤维）、锦纶、腈纶、丙纶、维纶、氯纶、氨纶、碳纤维等，是用人工合成的高分子化合物为原料经纺丝加工制得的纤维。合成纤维的优点是弹性好，耐洗耐磨，不易变形；缺点是吸湿性和透气性差。

知识窗

活动二　渲染品牌优势

一般来说，品牌商品比非品牌商品的转化率更高，商品质量和售后服务也更有保障。因此，开展服装直播时，主播也需要渲染品牌优势，强调品牌的实力和售后服务等。如果品牌是知名品牌，主播可以讲述品牌的历史、设计风格、销量等；如果品牌是不知名品牌，主播就可以介绍品牌的设计风格、理念、创建故事等，从面料、板型、价格等方面强调品牌优势。例如，图5-22所示为某不知名女装品牌直播间的主播在强调品牌优势时，就从工厂直销、发货服务、面料等方面入手，体现品牌的实力，提升用户对品牌的信任度。

另外，在直播间购买服装的大部分用户更愿意选择自己常买、常穿的品牌，而对自己不熟悉的品牌会比较抵触、排斥。面对这种情况，主播在讲解服装时，可以先通过沟通了解用户的品牌需求和喜好，然后投其所好地强调自己推荐的品牌和用户熟悉的品牌的共性，再强调推荐品牌的特色和优势，进而打动用户，促使用户了解自己推荐的品牌。例如，某用户告诉主播自己常穿××品牌的服装并且比较喜欢该品牌的面料，那

图5-22　渲染品牌优势

么主播可以说："××品牌的服装我也特别喜欢，面料是纯棉的。今天我给大家推荐的服装品牌与××品牌的定位比较相似，都是以运动风格为主。我推荐的这个品牌呢，是非常优秀的服装品牌，面料采用的是优质新疆棉，透气性和吸湿性好，穿起来非常舒适！小伙伴们一定要试一试！"

活动三 展示穿着效果

就服装类商品而言，直播时主播大多会展示服装的穿着效果。主播亲自试穿服装，可以将服装的真实穿着效果直观地展示给用户。展示穿着效果时，主播需要注意以下事项。

（1）说明身高、体重和试穿尺码。主播在试穿时，需要说明自己的身高、体重和试穿尺码，并描述自己的穿着效果，如宽松、修身等，以便用户进行参考和比对。例如，图5-23所示的直播间主播不仅在背景中展示了自己的身高、体重，在讲解时还会反复强调自己的身高、体重，并说明自己穿起来是比较宽松的效果。

（2）全方位展示服装。主播展示穿着效果时要注意走位，用远景镜头向用户展示整体穿着效果，用近景镜头或特写镜头向用户展示服装的细节和亮点等。例如，图5-24所示的直播间主播就用特写镜头展示了服装的面料及做工。

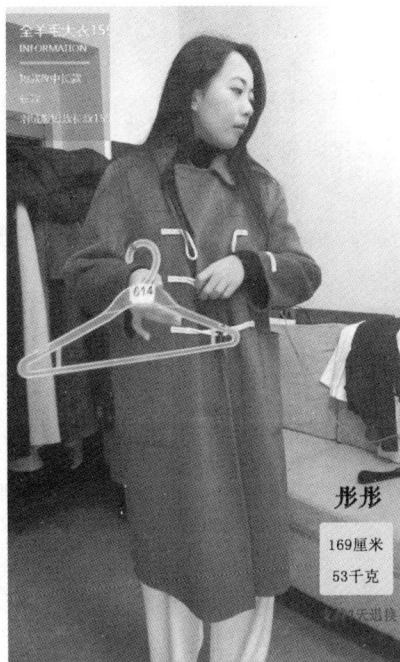

图5-23 说明身高、体重

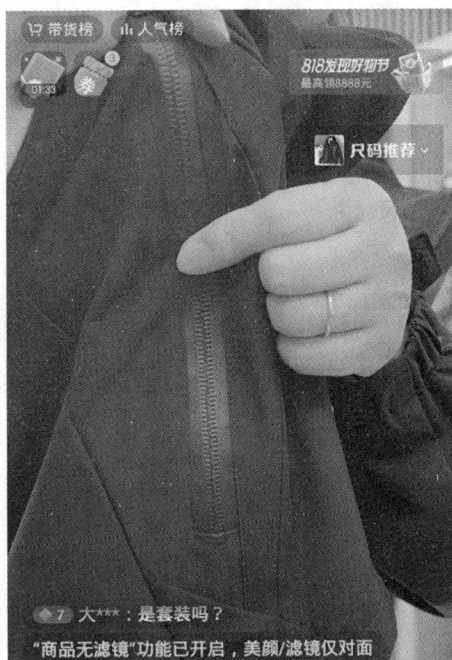

图5-24 用特写镜头展示服装

知识窗

服装尺码说明

服装的尺码比较复杂，多按照传统的XS、S、M、L、XL、XXL等来区分，上述尺码依次代表加小号、小号、中号、大号、加大号、加加大号。图5-25所示为某品牌连衣裙的尺码表。一般来说，不同品牌服装的尺码对应的身高/体重是有不同的，主播在直播时一定要详细说明尺码适合的身高/体重，尽量为用户推荐合适的尺码。

尺码	规格	裙长/厘米	肩宽/厘米	胸围/厘米	腰围/厘米	摆围/厘米	袖长/厘米
S	155/80A	100	35	86.5	69	203.8	28.4
M	160/84A	103	36	90.5	73	209	29
L	165/88A	106	37	94.5	77	214.2	29.6

• 此数据在衣服平铺下测量所得，因测量方法不同会有2~4厘米的误差

身高/体重	45千克以下	45~50千克	51~55千克	56~60千克	61~65千克
150~155厘米	S	S	M	M	L
156~160厘米	S	S	M	M	L
161~165厘米	S	S	M	L	L
166~170厘米	S	M	M	L	L
171~175厘米	M	M	L	L	L

• 以上数据根据平均身材得出，适合大部分人，仅供参考
买家可根据自己的身高与体重情况参考选择尺码，如有疑问，请咨询客服

图5-25　某品牌连衣裙的尺码表

知识窗

同步实训　3C产品直播

实训描述

3C产品包括平板电脑、智能手机、数码相机等。周远是一名数码科技领域的直播达人，经常在直播中给用户测评当前热门的3C产品，为用户的3C产品选购提供参考意见。年末促销活动来袭，周远在淘宝上选择了10款自己非常推荐的3C产品，准备于12月31日19:00—21:00进行直播销售。图5-26所示为周远主推的某品牌智能手机的商品详情页截图，请同学们根据商品详情页在抖音中

开展直播，销售该智能手机。

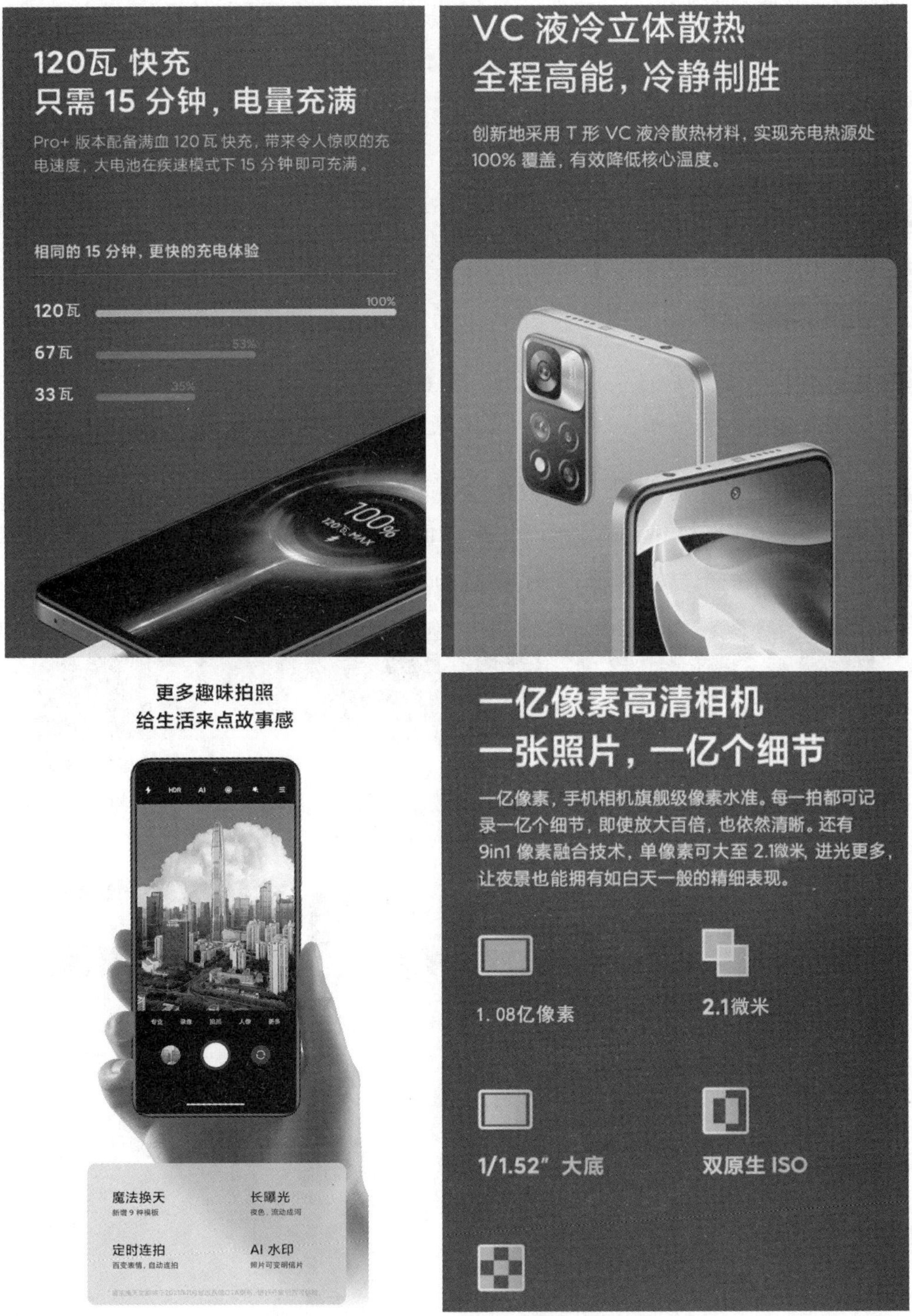

图5–26　某品牌智能手机商品详情页截图

✖ 操作指南

直播销售的具体操作并不难，关键在于如何激发用户的购买欲望，促使用户下单购买。本次实训将按照上架直播商品、讲解直播商品的流程进行操作，同学们可根据操作提示灵活设置。

第一步 上架直播商品

步骤 01 在抖音App中进入"开直播"界面，点击 开始视频直播 按钮开始直播。

步骤 02 点击直播间下方的"购物车"按钮 🛒 ，在弹出的"直播商品"面板中点击 添加直播商品 按钮，如图5-27所示。

步骤 03 打开"添加商品"界面，点击需添加的商品对应的 添加 按钮，商品添加成功后，该按钮显示为 取消 按钮，点击左上方的"返回"按钮 ≺ 。

步骤 04 返回"直播商品"面板，查看添加的直播商品。点击商品右下方的 讲解 按钮，如图5-28所示，主播开始讲解该商品。此时，讲解 按钮显示为 取消讲解 按钮，同时用户端将展示正在讲解的商品。

图5-27 添加直播商品　　　　　图5-28 点击"讲解"按钮

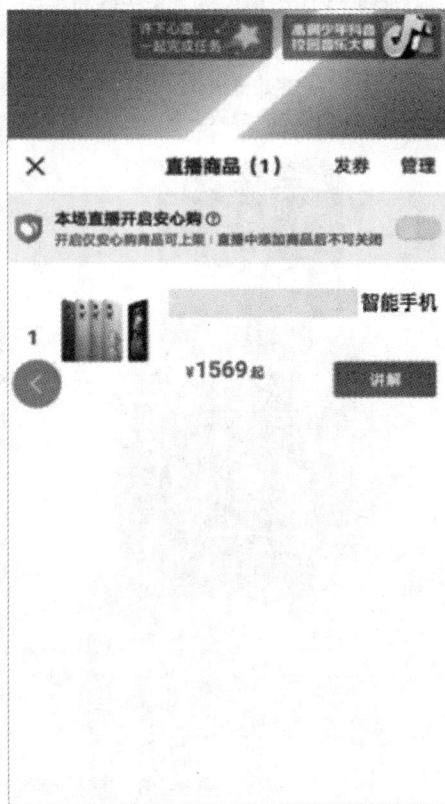

第二步 讲解直播商品

主播讲解直播商品，可以按照以下顺序向用户展示、推荐该智能手机。

（1）引入该智能手机。主播可以直接说明要讲解的商品，如"接下来这款商品是来自××品牌的××智能手机"，也可以以提问的形式引入该智能手机，如"前段时间有很多小伙伴让我推荐2000元以内的智能手机，你们猜猜接下来我要给你们推荐的是哪一款？"。

（2）商品介绍。大致介绍该智能手机后，主播可以结合广告宣传和发布会信息等介绍该手机的硬件支持和新功能，如机身系统、处理器、内存大小、闪存大小、各大评测软件的评分情况等。

（3）开箱检测。主播要从该智能手机未开封、带有薄膜的状态开始展示，直至展示出所有配件，并说明该智能手机的外观、质感等。

（4）着重介绍关键卖点。就3C产品而言，用户更看重的是性能和使用体验，因此，主播要着重讲解该智能手机的性能和使用体验，并边演示边讲解。120瓦快充、趣味拍照、一亿像素和散热技术是该智能手机的亮点，主播在介绍时就可以说明这些功能可以给用户带来什么样的特殊体验。例如，主播可以说："××智能手机搭载120瓦快充，15分钟就可以充满电，再也不用担心充电慢了。"

（5）引导下单。介绍完商品后，主播就可以说明用户在此次直播中可以享受的优惠，促使用户下单。例如，主播可以说："这款智能手机刚上市时的价格是2099元，上一次促销活动的价格是1899元，今天不要2099元，也不要1899元，只需要1569元！另外，小伙伴们不要激动，凡是今天在直播间下单的，我再额外赠送一副价值99元的耳机！还有，如果有小伙伴不止买一台的，买满3599元，还可以领取200元的现金券，真的太划算了！现金券数量不多，小伙伴们先拍先得，拍下今天统一顺丰发货！"

💬 实训评价

同学们完成实训操作后，提交实训报告。实训报告包括操作截图和录制的直播视频。老师根据实训报告，按表5-3所示内容进行打分、点评。

表5-3　实训评价

序号	评分内容	总分	老师打分	老师点评
1	能否在抖音中快速上架商品	20		
2	能否流利讲解商品的关键卖点	50		

续表

序号	评分内容	总分	老师打分	老师点评
3	能否引导用户下单购买	30		

最终得分：＿＿＿＿＿＿＿＿＿＿＿＿

项目总结

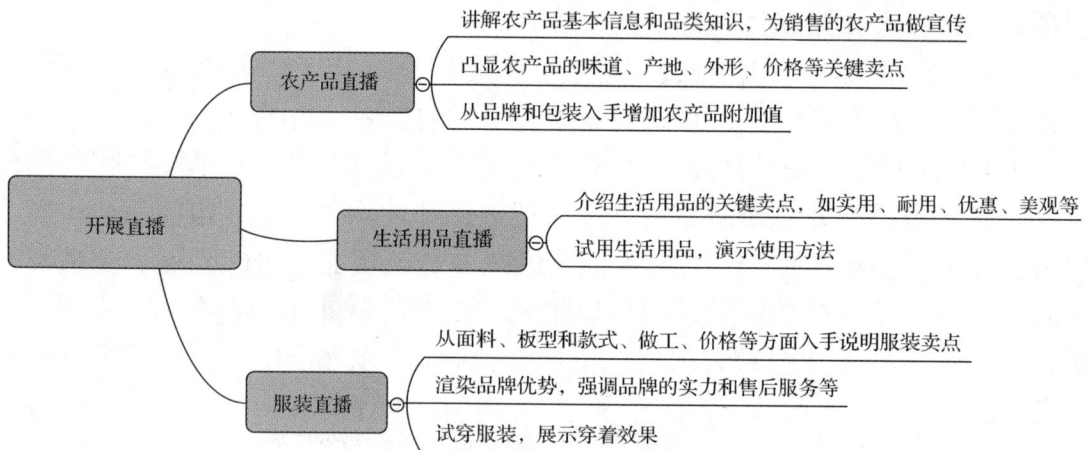

项目六

直播复盘

情境创设

见证了直播强大的销售能力后，特食味便在公司内部培养了多名在抖音中开展直播销售的主播。但是由于这些主播缺乏直播经验，特食味的直播销售遇到了一些问题，如用户反馈直播订单的物流信息迟迟未更新、取消关注直播账号的粉丝人数增多、直播销售额持续降低等。

为了帮助特食味解决这些问题，老李给小艾安排了新的工作任务——直播复盘，具体内容包括处理直播订单、维护直播粉丝、分析直播数据和优化直播等。

学习目标

知识目标

1. 掌握处理直播订单的方法。
2. 掌握维护直播粉丝的方法。
3. 掌握直播数据分析的思路与具体方法。
4. 掌握直播人气流量、互动和转化等的优化方法。

技能目标

1. 能够查询并处理商品订单。
2. 能够在直播电商平台上创建粉丝群。
3. 能够通过直播后台和第三方工具查看并分析直播数据。

素养目标

1. 强化数据分析能力，提高数据敏感度。
2. 抵制不正当竞争，促进直播行业健康发展。

任务一 订单处理与粉丝维护

任务描述

小艾与特食味沟通后，发现特食味不仅直播订单量在逐步减少，而且粉丝数量也在减少。针对直播订单问题，小艾准备先了解下特食味的直播订单处理情况，查看是否存在发货不及时、服务不到位等问题，再制定一系列粉丝维护的方案，以促进特食味的粉丝留存。

任务实施

活动一 处理直播订单

处理直播订单是直播销售后一项非常重要的工作，商家日常需要对直播订单进行查询和处理，保证及时发货、商品物流正常，从而保证及时完成每一笔订单，进一步提升用户的购物体验。于是，小艾准备进入特食味的抖音账号处理直播订单，具体操作如下。

步骤 01 打开抖音App，点击"我"选项，在打开的界面中点击"商品橱

"窗"按钮🔲。

步骤 02 打开"商品橱窗"界面，在"我的小店"栏中点击"订单管理"按钮🔲，如图6-1所示。

步骤 03 打开"订单管理"界面，点击"待发货"选项卡，查看用户下单后等待发货的商品，如图6-2所示。一般来说，商家应在承诺的发货时间内发货，发货后点击 发货 按钮，在打开的界面中上传物流单号，之后可以通过私信告知用户商品已经发出，如图6-3所示。

图6-1　点击"订单管理"按钮　　图6-2　查看等待发货订单　　图6-3　告知用户已经发货

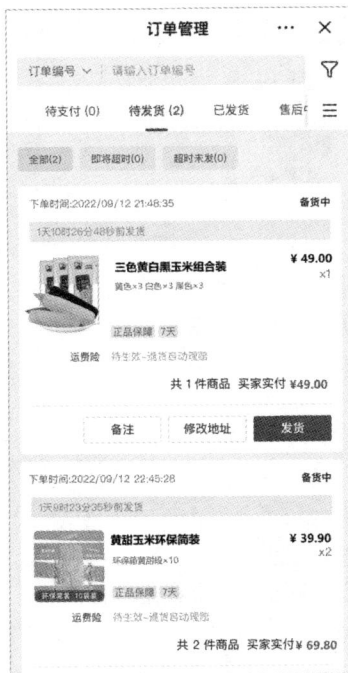

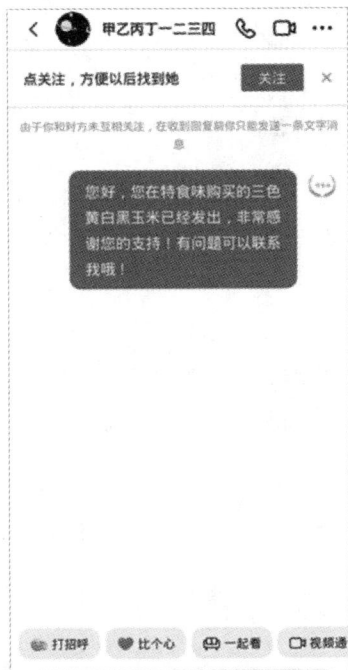

步骤 04 点击"已发货"选项卡，查看已发货订单，如图6-4所示。此时，商家需要关注商品的物流信息，如果物流信息长时间没有更新，要及时联系快递公司并向用户解释，避免因物流问题引发纠纷。

步骤 05 点击"售后中"选项卡，查看申请售后服务的订单，如图6-5所示。

步骤 06 点击订单找到下单的用户账号，点击"发私信"按钮✈，在打开的界面中发送私信询问用户的售后需求（如退货、退款等）和原因，如图6-6所示。在沟通的过程中可以知道，该用户是由于主播在直播时没有及时回复自己的问题，所以想要退货退款。商家此时则需要安抚该用户的情绪，然后对用户提出的问题进行相应的解释，请求用户理解，最后提出解决方案，努力与用户达成共识。例如，商家可以说："真的非常抱歉，最近观看直播的用户数量较多，主播可能没有看到您提出的问题，我们一定会向主播反映这个问题，尽量回复大家提出的每一个问题！为了表示歉意，我们给您额外赠送一份农产品礼包。您撤回退款申请，可以吗？"

图6-4 查看已发货订单　　　图6-5 查看售后订单　　　图6-6 询问用户

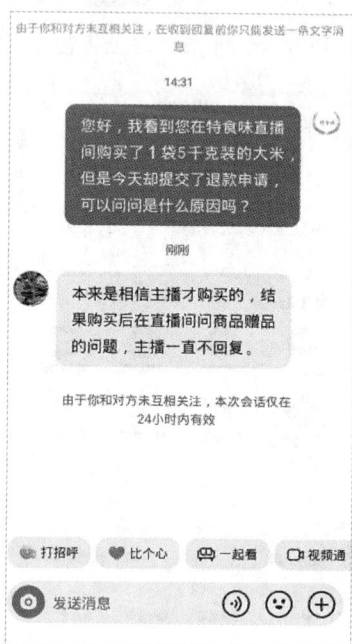

📋 **经验之谈**

处理直播订单时，商家要尤其注意对售后订单的处理，因为售后订单不仅会影响用户的满意度，还会影响用户后续购买的欲望。处理直播售后订单时，商家要按照"倾听—分析—解决—记录—跟踪"的流程进行处理。如果是己方的错误，商家应该勇敢承认，并向用户道歉，不要试图和用户争辩；向用户道歉后，可以在适当的时机做出承诺，并对当前的情况进行评估，然后提出合理可行的解决方案，争取使用户满意。

👤 活动二　维护直播粉丝

维护直播粉丝，也就是拉近与粉丝之间的距离，增强粉丝的黏性。一般来说，主播在维护直播粉丝时可以先引导粉丝加入粉丝群，再多与粉丝互动，并发放一些粉丝专属福利。

第一步 引导粉丝加入粉丝群

在引导用户关注直播账号成为粉丝后，主播就可以进一步引导粉丝加入直播平台中的粉丝群。小艾利用特食味的抖音账号在抖音上创建一个粉丝群，并邀请粉丝加入该粉丝群，具体操作如下。

视频

引导粉丝加入粉丝群

步骤 01 打开抖音App，点击"我"选项，进入账号主页，点击右上角的 ▤ 按钮。在打开的侧边栏中点击"创作者服务中心"选项，如图6-7所示。

步骤 02 进入创作者服务中心，点击界面上方的"主播中心"按钮📹，如图6-8所示。

步骤 03 打开"主播中心"界面，点击"更多功能"按钮▰▰▰，在打开的界面中点击"粉丝群"选项，如图6-9所示。

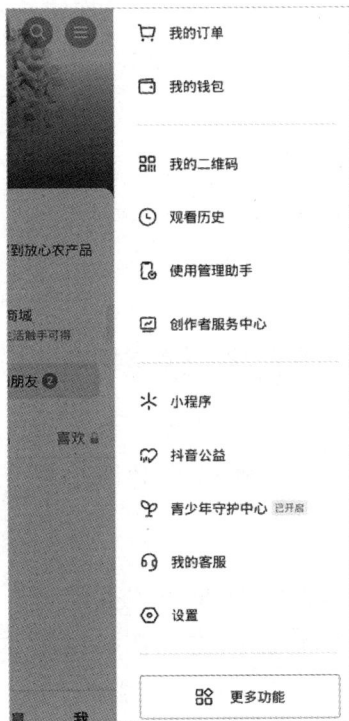

图6-7 点击"创作者服务中心"选项　　图6-8 点击"主播中心"按钮　　图6-9 点击"粉丝群"选项

步骤 04 打开"粉丝群管理"界面，点击 立刻创建粉丝群 按钮，如图6-10所示。

步骤 05 成功创建粉丝群，进入群聊界面，粉丝群通常与主播的账号名相关，如"特食味的粉丝1群"，点击界面右上角的···按钮，打开"聊天详情"界面，如图6-11所示。

步骤 06 点击"群聊名称"选项，在打开的界面中输入群聊名称"特食味大家庭1群"，点击 保存 按钮，如图6-12所示。

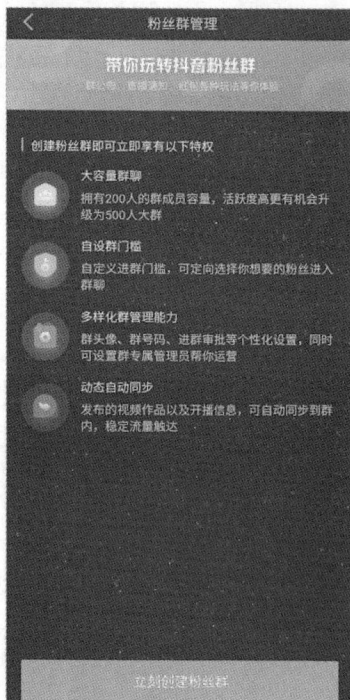

图6-10　创建粉丝群　　　图6-11　"聊天详情"界面　　　图6-12　修改群聊名称

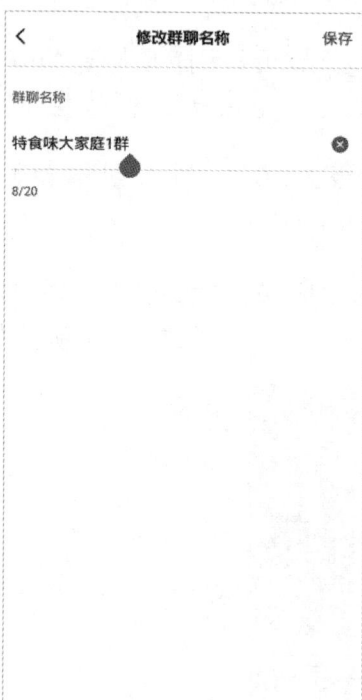

步骤 07 在"聊天详情"界面中点击"群公告"选项，在打开的"群公告"界面中输入图6-13所示的群公告内容，点击 保存 按钮，再在弹出的对话框中点击 发布 按钮。

步骤 08 在"聊天详情"界面中点击"群管理"选项，在打开的"群管理"界面中点击"群简介"选项，在打开的"填写群简介"界面中输入图6-14所示的群简介内容，点击 保存 按钮。

步骤 09 返回"群管理"界面，点击"进群门槛"选项，打开"进群门槛"界面，在"关注条件"栏中点击"仅关注"选项，如图6-15所示，完成群管理设置。

步骤 10 返回"聊天详情"界面，点击"置顶聊天"选项右侧的 ⬤ 按钮，将该群置顶，如图6-16所示。

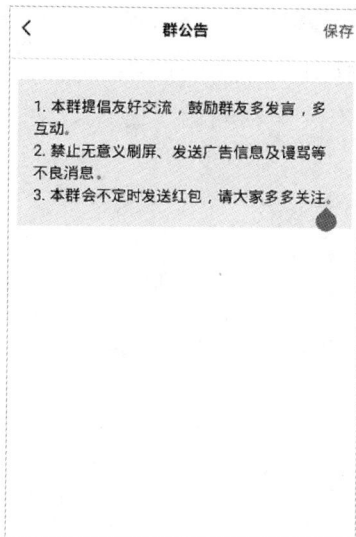
图6-13　填写群公告

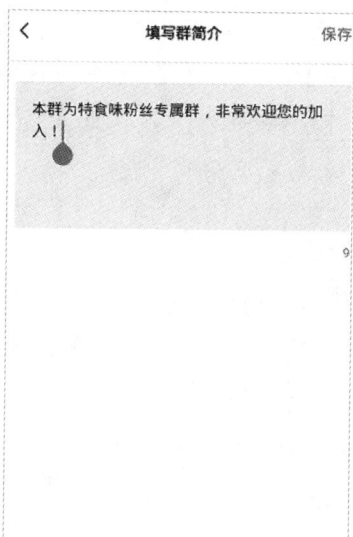
图6-14　填写群简介

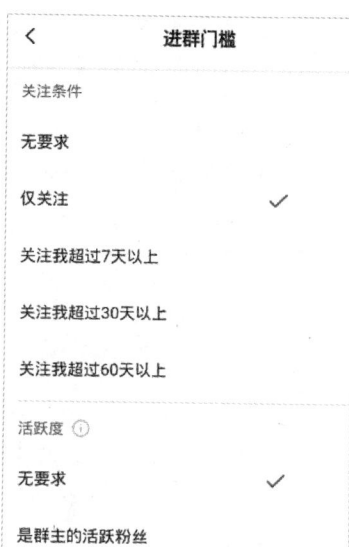
图6-15　设置进群门槛

步骤 11　点击"聊天详情"界面上方的 ⤴邀请粉丝进群 按钮，在弹出的面板中选择"私信朋友"选项，如图6-17所示，再在弹出的面板中选择要邀请的粉丝，点击 分享 按钮邀请其加入粉丝群，如图6-18所示。

图6-16　置顶聊天

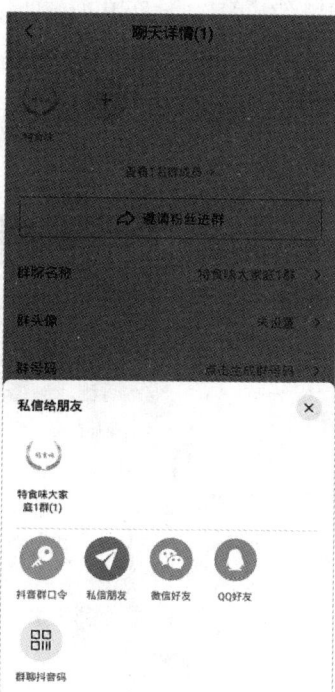
图6-17　点击"私信朋友"选项

图6-18　邀请粉丝入群

📋 **经验之谈**

　　要引导更多粉丝进入粉丝群，主播一方面可以在直播时号召粉丝加入，另一方面也可以在微博、微信等社交平台中发布引导文案吸引粉丝，如"各位小伙伴，想要第一时间获得特食味新品消息，领取更多粉丝优惠和福利的，可以扫描抖音粉丝群二维码进入特食味大家庭哦！"。

🎁 **动手做**

粉丝入群引导

假如你是某电子产品领域的主播，请试着完成以下引导粉丝入群的任务。

1. 在抖音中建立粉丝群，并邀请朋友入群。
2. 撰写吸引力强的引导文案，并在微博中发布。
3. 以主播的身份拍摄邀请粉丝入群的短视频，时长在15秒以内，然后在抖音中发布短视频。

第二步 与粉丝互动

　　与粉丝互动是维护粉丝、提升粉丝活跃度的重要方法。总的来说，在抖音、快手等直播平台上与粉丝互动可以采用评论、私信、开展活动等方式。

　　（1）评论。评论是指直接在粉丝发布的短视频下方进行回复，评论内容可以供所有人查看。此外，许多粉丝也会在主播发布的内容下方发表评论，主播可以对发表时间早、内容精彩或有趣的粉丝评论进行点赞、回复（见图6-19），拉近与粉丝的距离，提高粉丝的积极性。

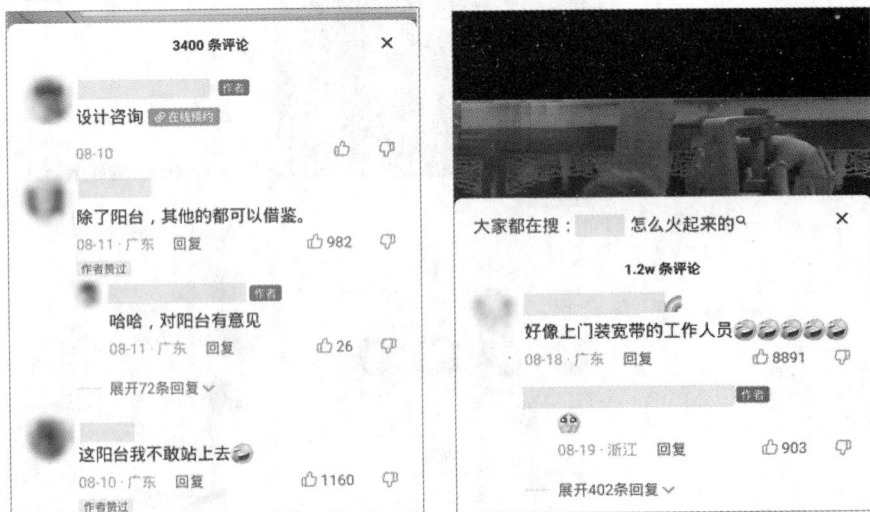

图6-19 点赞、回复粉丝评论

（2）私信。私信是一种一对一的交流方式，交流内容仅交流双方可以查看。对于粉丝的私信消息，主播可以有选择性地回复，这可以让粉丝感到贴心和惊喜，从而提升对主播的好感。

（3）开展活动。活动不仅可以用来增加主播的粉丝数，提升主播和直播间的人气和热度，还可以用来和粉丝进行互动。例如，某主播就经常在抖音中参与一些挑战活动，还会号召粉丝一起参与，因此吸引了非常多的粉丝，有效拉近了与粉丝的距离。图6-20所示为抖音中的热门挑战活动，图6-21所示为号召用户参与挑战活动而发布的短视频。

图6-20　抖音中的挑战活动

图6-21　号召用户参与挑战活动

第三步　发放粉丝专属福利

粉丝专属福利也就是只有粉丝才能享受的福利。一方面，主播可以在粉丝群中发放红包或进行抽奖；另一方面，主播可以发放一些粉丝专属的商品抵用券（见图6-22），这不仅有利于调动粉丝的情绪，还可以进一步促进商品的销售。

另外，在抖音、快手等直播平台中，主播还可以号召粉丝加入粉丝团。粉丝团具有拉近粉丝和主

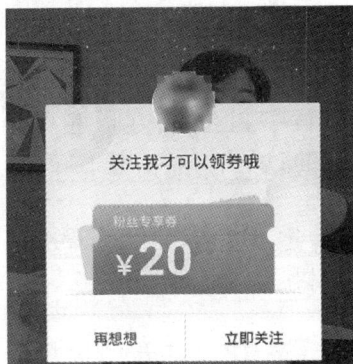

图6-22　粉丝专属商品抵用券

播距离的重要功能。以抖音为例，用户在直播间关注直播账号后，再点击界面左上角的💙按钮即可加入粉丝团。在粉丝加入粉丝团后，主播就可以提醒粉丝完成等级提升任务，待粉丝达到一定等级后，主播可以发放一些专属福利，这可以提升主播与粉丝的亲密度，增强粉丝的黏性。

📝 素养小课堂

主播在设置抽奖环节时要注意避免以下情形：一是，所设奖项的种类、兑奖条件、奖金金额或者奖品等信息不明确，影响兑奖；二是，采用谎称有奖或者故意让内定人员中奖等欺骗方式吸引用户关注。这两种情形符合不正当竞争行为的认定标准，会在无形中破坏市场的公平竞争。

任务二 直播数据分析

任务描述

特食味的直播情况时好时坏，为了弄清楚原因，老李让小艾先获取并整理特食味直播账号的相关数据，再带着她进行具体分析，了解直播数据反映的问题，为优化直播内容、提升直播质量和效果提供参考。

任务实施

👤 活动一 获取直播数据

获取直播数据是分析直播数据的前提条件。一般来说，直播平台后台、第三方工具等都是获取直播数据的良好途径。

第一步 通过直播平台后台获取直播数据

通过直播平台后台获取直播数据是一种比较简单、直接的方式。例如，在抖音中直播，可以通过抖音App获取直播数据。接下来，小艾将通过抖音App获取特食味最近一场直播的相关数据，具体操作如下。

步骤 01 打开抖音App，点击"我"选项，点击打开的账号主页右上角的☰按钮。

步骤 02 打开侧边栏，点击"创作者服务中心"选项。

步骤 03　进入创作者服务中心，点击界面上方的"主播中心"按钮📹。

步骤 04　进入"主播中心"界面，如图6-23所示，点击 数据中心 > 按钮。

步骤 05　进入"数据中心"界面，如图6-24所示，在其中可以查看最近10场直播的相关数据。

步骤 06　点击最近一场直播，进入"单场数据"界面，在其中可以查看该场直播的相关数据，包括收获音浪、新增粉丝、观众人数、送礼人数、评论人数、点赞次数等，如图6-25所示。

图6-23　"主播中心"界面	图6-24　"数据中心"界面	图6-25　"单场数据"界面

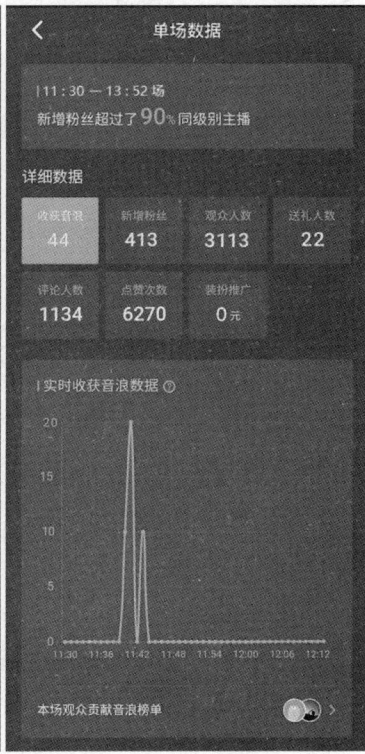

步骤 07　点击"新增粉丝"选项，在界面下方查看实时新增粉丝数据和新增粉丝来源，如图6-26所示。

步骤 08　点击"观众人数"选项，在界面下方查看实时观众人数数据和观众来源，如图6-27所示。

步骤 09　点击"点赞次数"选项，在界面下方查看实时点赞次数数据，如图6-28所示。

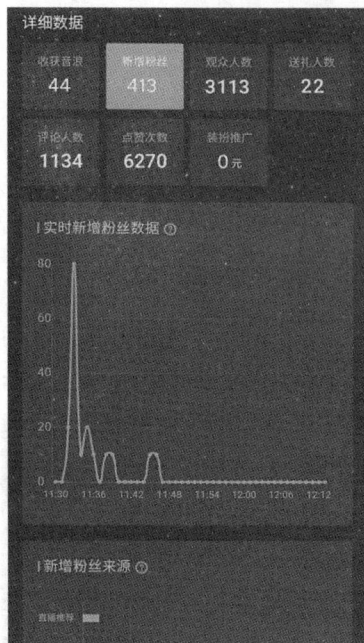

图6-26 查看新增粉丝　　　图6-27 查看观众人数　　　图6-28 查看点赞次数

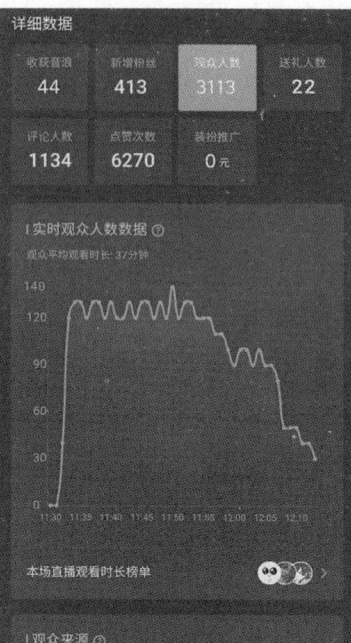

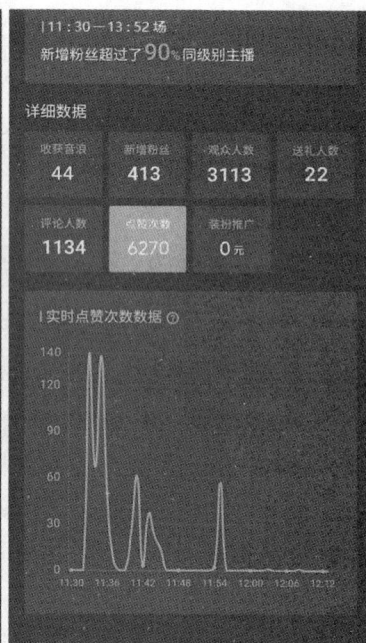

第二步 通过第三方工具获取直播数据

为了获取更多有关直播行业或直播账号的数据，主播及其团队还可以使用第三方工具，如蝉妈妈、飞瓜数据等。接下来，小艾将通过蝉妈妈获取特食味账号的直播数据，具体操作如下。

步骤 01 进入蝉妈妈官方网站，登录账号后，在主页左上角选择"抖音分析平台"选项卡。

步骤 02 在打开的页面右上角的搜索框中输入"特食味"，如图6-29所示，按【Enter】键进行搜索。

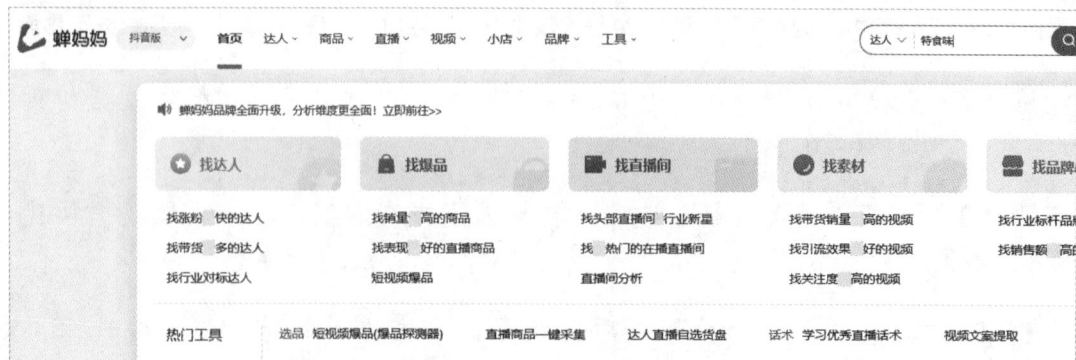

图6-29 输入"特食味"

步骤 03 进入"达人库"页面，在页面中单击达人头像或昵称，进入特食味账号的数据分析页面。

步骤 04 下滑页面，查看"基础分析"中的"近30天数据概览"和"账号粉丝画像"，如图6-30所示。

近30天数据概览　　　　　　　　　　　　　　　　　　　　　　　　全部 ＞

近30天，该达人累计开播 17 场，发布新视频 19 条，粉丝增加 2,026。累计销量达 2,405（直播占 100.00%），30天累计销售额达 3.6w（直播占 100.00%）。

直播场次	平均开播时长	直播累计销量	直播累计销售额 预估 ⑦
17 今日+1	**2小时29分36秒**	**2,405** 今日+276 ☑	**3.6w** 今日+5,168.20 ☑
历史总场次 17		场均销量 141 日均销量 300	场均销售额 2,092.82 日均销售额 4,447.23

视频数量	平均视频时长	视频累计销量	视频累计销售额 预估 ⑦
19	**1分26秒**	**0**	**0.00**
历史总视频数 18 平均播放量 193	平均点赞数 2 平均赞粉比 0.10%	平均销量 0	平均销售额 0.00

账号粉丝画像　　　　　　　　　　　　　　　　　　　　　　　　全部 ＞

画像概览 〔女性 居多〕 〔31~40岁、24~30岁 居多〕 〔北京、广东、辽宁、江苏 居多〕

性别分布 男 32% 👤👤👤👤👤👤👤 68% 女

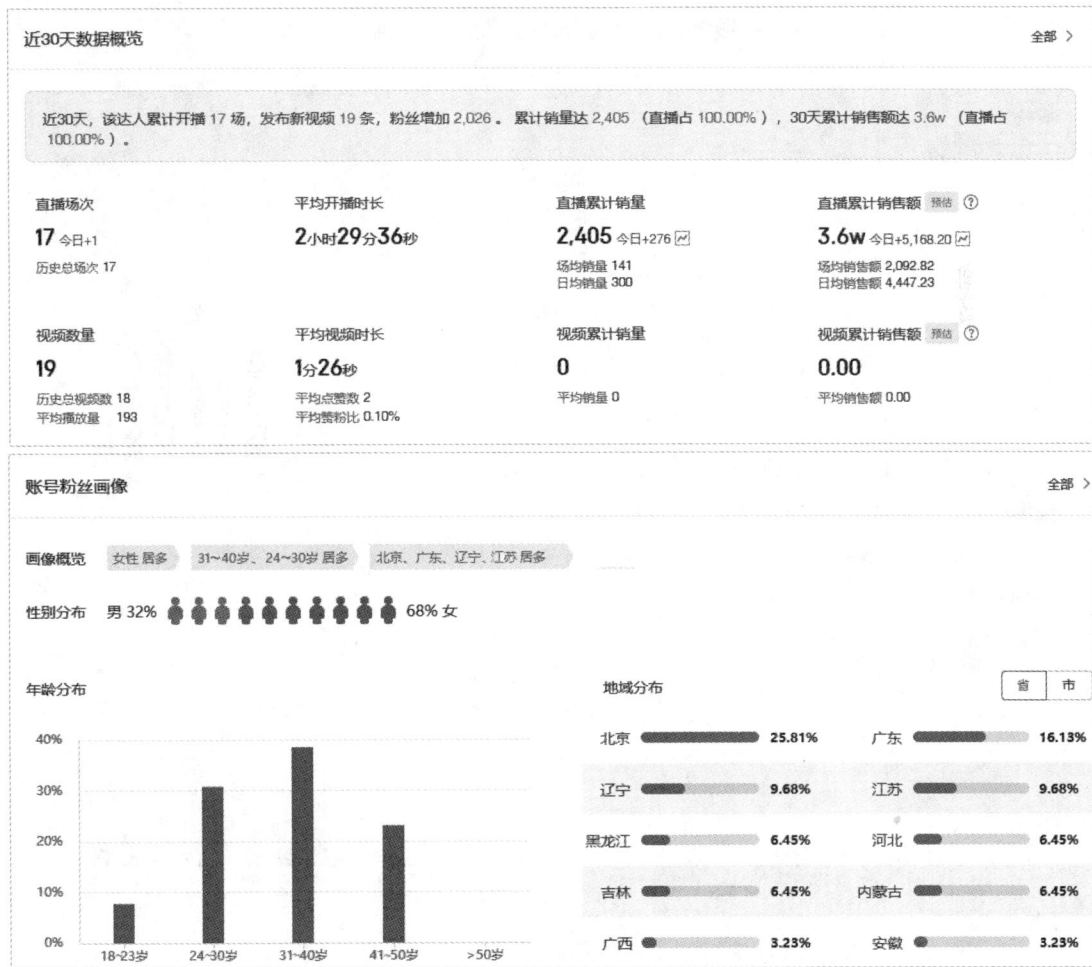

图6-30　近30天数据概览和账号粉丝画像

步骤 05 单击"直播分析"选项卡，在打开的页面中查看近30天的直播分析数据，如图6-31所示，以及直播趋势分析数据（包括观看人次、销量和销售额等的直播趋势分析），如图6-32所示。

步骤 06 下滑页面，查看平均停留时长趋势、UV价值趋势（UV是Unique Visitor的简称，表示独立访客，即访问直播间的一位用户；UV价值是指用户人均价值，即平均每位进入直播间的用户产生的价值），如图6-33所示。

图6-31　近30天的直播分析数据

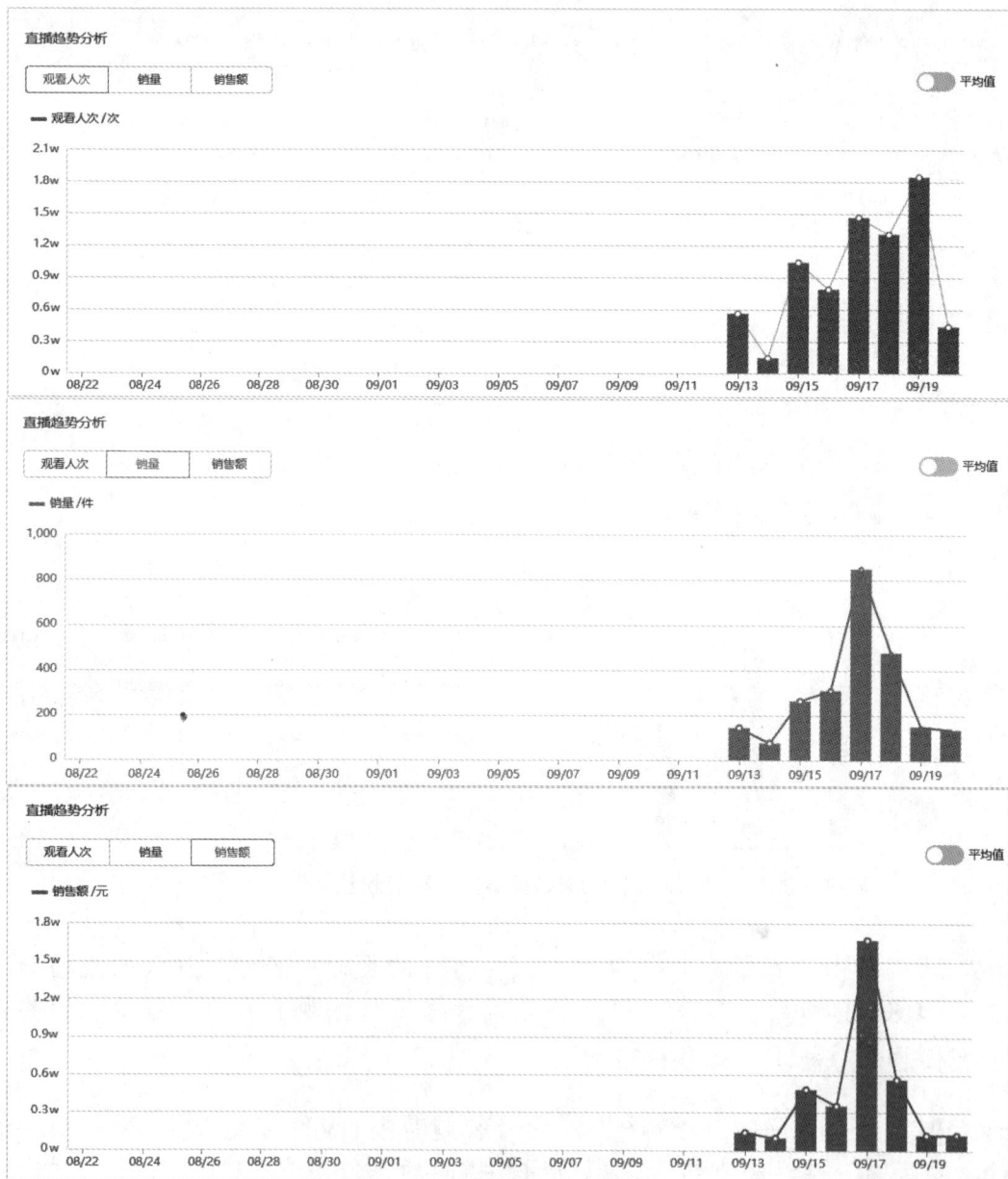

图6-32　直播趋势分析数据

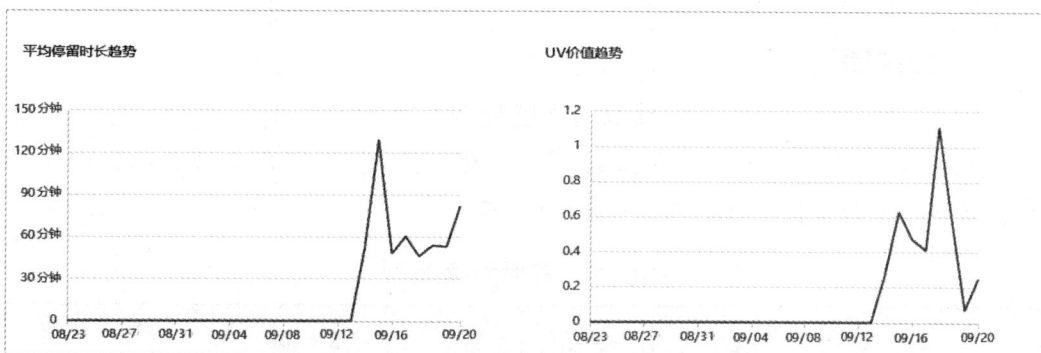

图6-33　平均停留时长趋势、UV价值趋势

步骤 07　下滑页面，查看带货产出（主播每天直播的交易总额除以当天直播时长，即主播每天直播平均每分钟的带货表现）趋势和GPM（平均每千人下单带来的成交金额）趋势，如图6-34所示。

步骤 08　继续下滑页面，查看直播时长分布和直播开播时间统计，如图6-35所示。

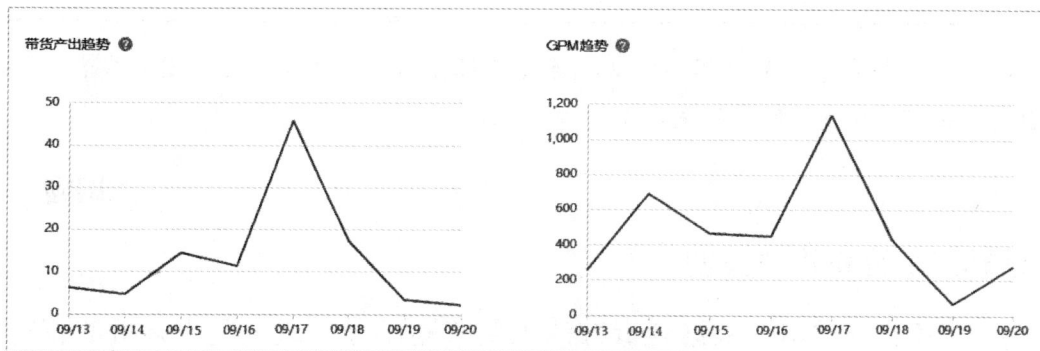

图6-34　带货产出趋势和GPM趋势

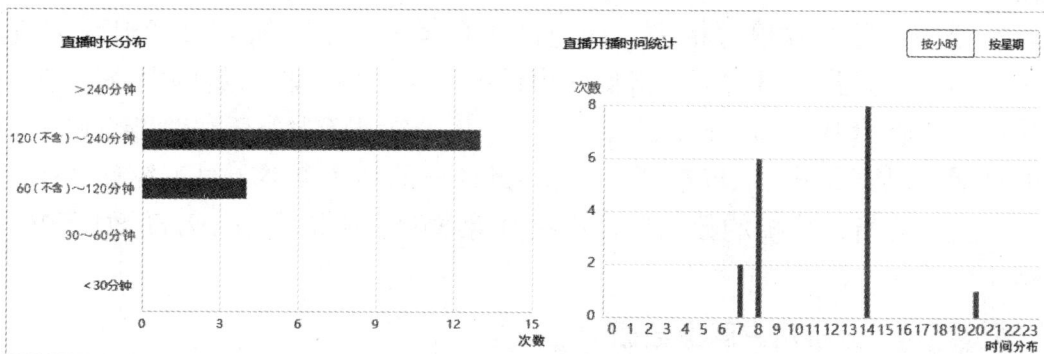

图6-35　直播时长分布和直播开播时间统计

知识窗

获取的直播数据类型

主播及其团队要获取的直播数据主要有4类，包括用户画像数据、流量数据、互动数据和转化数据，具体如表6-1所示。

表6-1 直播数据类型

类型	解释
用户画像数据	观看直播用户的相关数据，包括性别分布、年龄分布、地域分布、来源等
流量数据	与用户的观看行为有关的数据，如新增用户人数、累计观看人次、人气峰值、平均停留时长、在线人数等
互动数据	与用户互动相关的数据，如累计点赞数、累计评论数、弹幕总数、弹幕人数（发送弹幕的用户数）等
转化数据	包括引导转化数据和直播带货数据等，如商品点击次数、订单笔数、销售额、销量等

上述数据中，部分数据不能直接通过直播平台后台或第三方工具获取，需要自行利用 Excel 或其他数据统计工具进行统计。

知识窗

活动二 分析直播数据

一般来说，常用的数据分析方法主要有同比分析法、环比分析法和特殊事件分析法等，其中同比分析法是用本期数据和上年同期数据进行对比分析，环比分析法是用本期数据和上期数据进行对比分析。另外，由于许多直播数据异常会与一些特殊事件相关，如电商平台某一频道改版、直播封面更改、店庆活动等，因此主播需要分析特殊事件的异常数据，再从数据中总结经验和方法。由于特食味开播的时间不长，因此小艾选用环比分析法对特食味9月20日的直播（以下简称"A场直播"）和9月19日的某场直播（以下简称"B场直播"）进行分析，分析的数据包括用户画像数据、流量数据、互动数据和转化数据。

第一步 分析用户画像数据

图6-36所示为特食味A场直播和B场直播的用户性别分布与年龄分布数

据；图6-37所示为特食味A场直播和B场直播的用户地域分布数据；图6-38所示为特食味A场直播和B场直播的用户来源数据。总体来看，在性别分布上，女性用户占比较大；在年龄分布上，18~40岁的用户占比较大；在地域分布上，用户多分布在天津、河南、江西等地；在用户来源上，观看直播的多是来自其他渠道（通过直播广场推荐、品牌广告投放、外部引流等多种方式进入直播间）的用户。

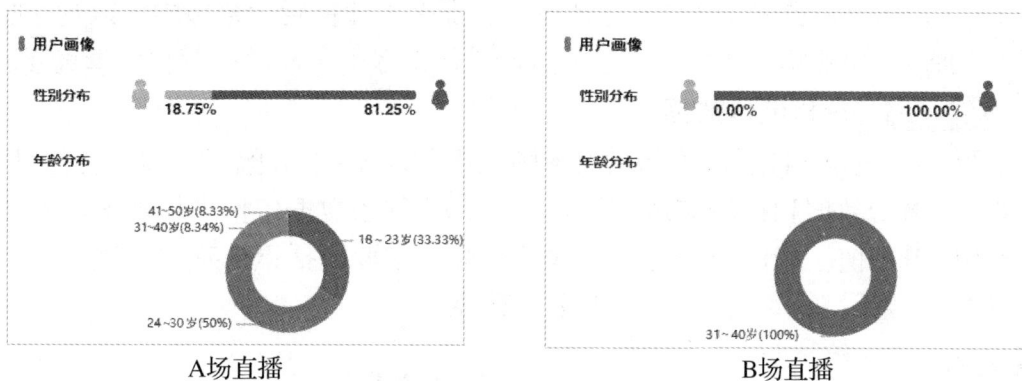

图6-36　性别分布与年龄分布数据

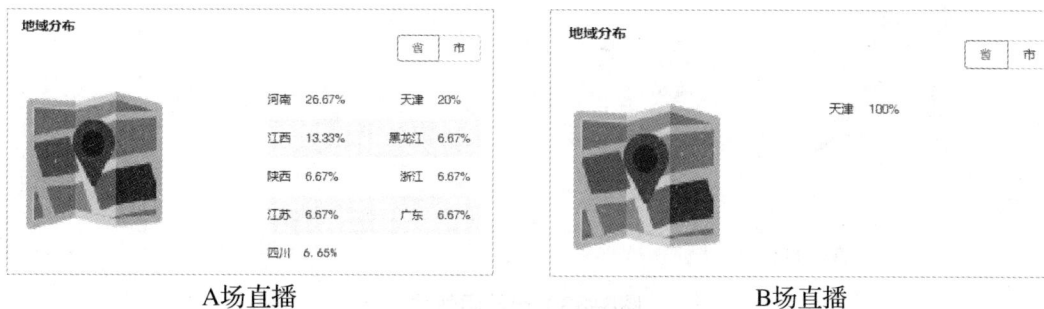

图6-37　地域分布数据

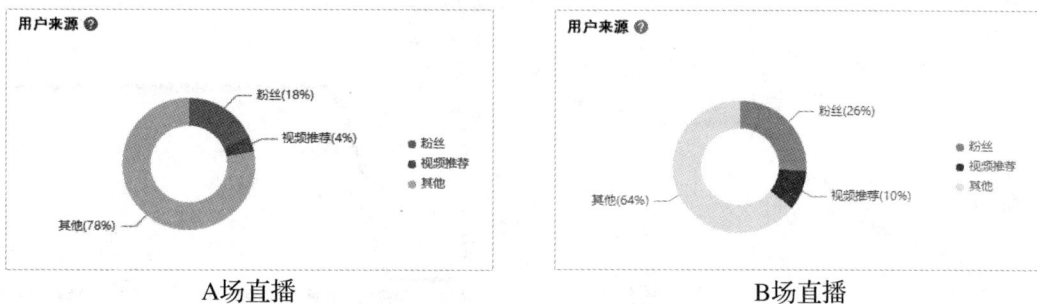

图6-38　用户来源数据

对比两场直播的用户画像数据可以看出，B场直播的用户为分布在天津的

31～40岁的女性用户；而A场直播相比B场直播，男性用户比例有增加，在年龄分布上也增加了18～23岁、24～30岁和41～50岁的用户，在地域分布上则增加了河南、江西、黑龙江等地的用户。这说明A场直播在宣传和预热、商品选择等方面做得比B场直播更好，能覆盖更多的人群。

在用户来源上，A场直播的"粉丝"（通过粉丝推荐和关注页面进入直播间的用户）和"视频推荐"（通过主播的短视频推荐、他人短视频推荐进入直播间的用户）来源比例相比B场直播较低，那么主播在后续直播中可以制作吸引力更强的预告短视频或加强对粉丝的宣传工作，多引导粉丝推荐和分享直播。

第二步 分析流量数据

图6-39～图6-41所示为特食味A场直播和B场直播的流量数据，包括粉丝团数据、涨粉数据和在线流量数据。其中，粉丝团数据包括本场新增粉丝团、粉丝团增量峰值、峰值时间等；在线流量数据主要包括累计观看人次、人气峰值、平均停留时长、在线人数、进场人数等。

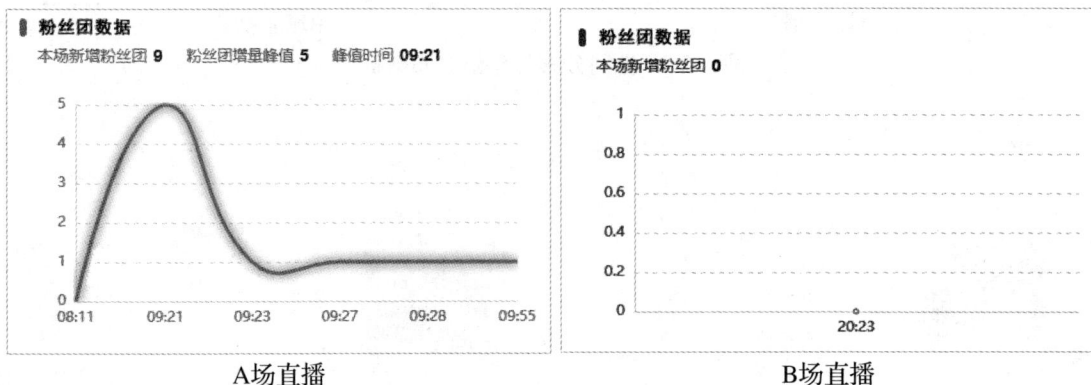

A场直播　　　　　B场直播

图6-39　粉丝团数据

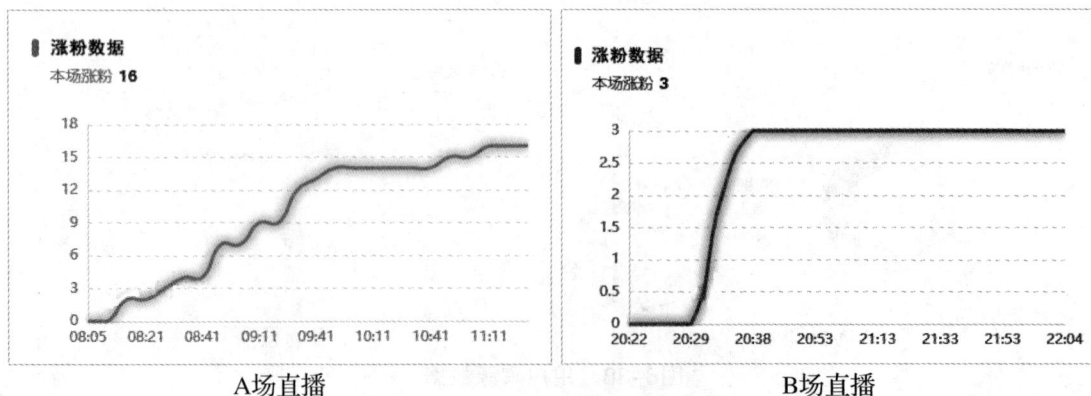

A场直播　　　　　B场直播

图6-40　涨粉数据

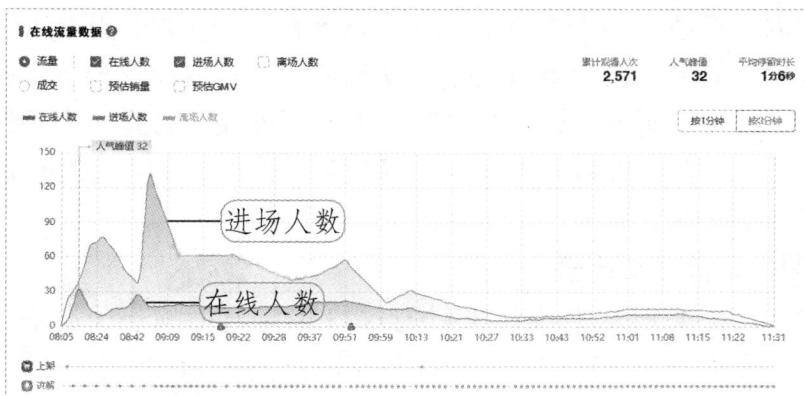

A场直播

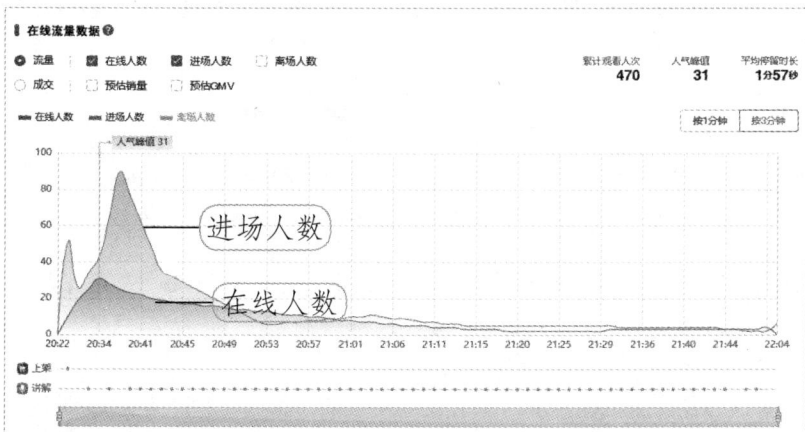

B场直播

图6-41　在线流量数据

对比两场直播的流量数据可以看出，就粉丝团数据而言，A场直播的粉丝团增量峰值为5人，出现在09:21，即粉丝团新增粉丝数量在开播后的1小时左右达到高峰，之后增速明显降低；而B场直播没有新增粉丝团成员。这说明B场直播在引导粉丝加入粉丝团方面没有A场直播做得好，而A场直播过程中，主播在直播1小时后就忽略了继续引导粉丝加入粉丝团，所以直播后半段粉丝团新增粉丝数据不理想，因此主播应当在后续直播中加强引导粉丝加入粉丝团。

就涨粉数据而言，A场直播和B场直播新增粉丝数量都较少，但是A场直播比B场直播的新增粉丝数量多，并且A场直播从开播到下播都有新增粉丝。因此，特食味需要总结涨粉数量少的原因，并调整涨粉方案。

就在线流量数据而言，A场直播的人气峰值出现在20:15左右，约在开播后的10分钟内，在线人数为32人，B场直播的人气峰值出现在20:34左右，即开播后的15分钟内，在线人数为31人，这说明A场直播的开场暖场效果比B场直播要好；在后续直播中，主播应当加强开场暖场，并号召粉丝分享直播间，进一步提升人气。另外，两场直播在开播时就上架了商品，且整个直播过程讲解了多款商品，但直播在线人数整体均呈下降趋势，说明两场直播在选品和商品讲解方面可能需要进一步改善。

第三步　分析互动数据

图6-42和图6-43所示为特食味A场直播和B场直播的互动数据，包括互动情况、弹幕热词（一场直播弹幕中出现频率较高的关键词汇总）等。其中，互动情况包括累计点赞数、累计评论数、点赞数变化趋势和评论数变化趋势等；弹幕热词包括弹幕总数、弹幕人数和用户互动率（用户互动率=弹幕人数÷累计观看人次）等。

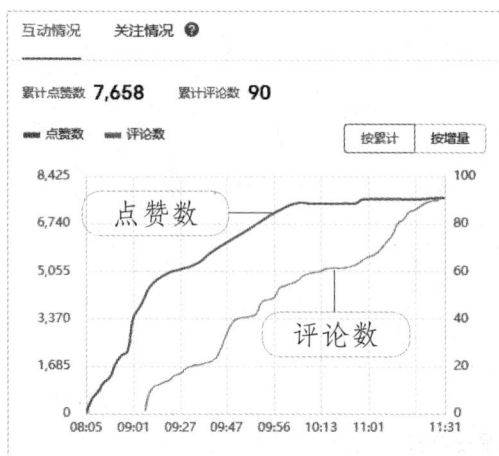

A场直播

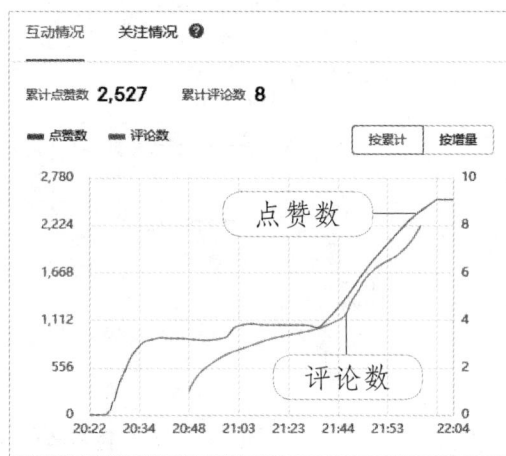

B场直播

图6-42　互动情况

A场直播

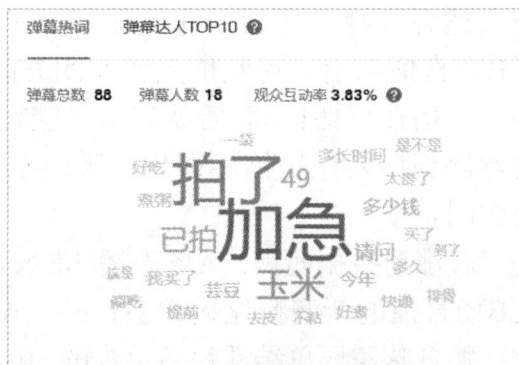

B场直播

图6-43　弹幕热词

对比两场直播的互动数据可以看出，就互动情况而言，A场直播的累计点赞数和累计评论数都比B场直播要高得多；A场直播在直播前半段的点赞数和评论数呈持续增长趋势，用户比较活跃，而B场直播的点赞数和评论数尽管整体呈上升趋势，但在开播后少有用户点赞和评论，总体用户活跃度较低。

在弹幕热词方面，尽管A场直播的弹幕总数、弹幕人数比B场直播要多，但A场直播的观看人次很高，导致A场直播的用户互动率反而比B场直播低，这也说明A场直播在引导用户发送弹幕方面没有B场直播做得好。总体来看，A场直播与B场直播的用户互动率均较低，主播在后续直播中需要引导用户积极参与互动，可以通过赠送福利或引入话题等方式引导用户发送弹幕、积极与主播互动。

第四步 分析转化数据

图6-44和图6-45所示为特食味A场直播和B场直播的转化数据，包括转化漏斗和带货数据，涉及的内容有商品点击次数（用户实际点击商品并进入商品详情页的次数）、观看—点击转化率（商品点击次数占累计观看人次的比例）、点击—购买转化率（商品销量占商品点击次数的比例）、销售额、销量、客单价、上架商品、带货转化率（商品销量占累计观看人次的比例）和UV价值（销售额除以独立访客数，独立访客数等于累计观看人次）等。

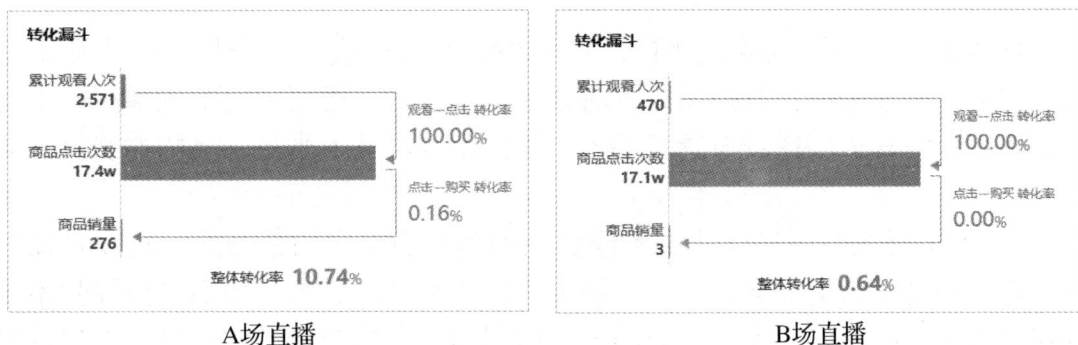

图6-44 转化漏斗

图6-45 带货数据

对比两场直播的转化数据可以看出，A场直播和B场直播上架的商品数量差不多，但是A场直播的商品销量、整体转化率均比B场直播高，也就是说A场直播的转化效果优于B场直播。

另外，A场直播和B场直播的点击—购买转化率均较低，这说明很多用户点击查看了商品详情页但没有购买，有可能是主播引导不够，没有很好地取得用户的信任。对此，主播需要进一步优化商品介绍话术和引导下单话术。

任务三 直播优化

任务描述

分析完特食味的直播数据，小艾意识到特食味的直播销售整体上处于起步阶段，直播人气、互动情况和商品转化等都还存在不足。为了提高特食味的直播质量和直播效果，小艾接下来准备针对特食味的直播人气流量、直播互动和直播转化提出优化方法。

任务实施

活动一 直播人气流量优化

直播人气流量优化的主要目标是解决直播间在线人数少和在线人数不稳定等问题。一般来说，直播间人气流量数据不好的主要原因包括主播经验不足或状态不佳、直播间场景布置不妥当、用户留存策略不当等。具体的优化方案如下。

（1）主播经验不足或状态不佳。主播是直面用户的第一人，其在直播时的状态、临场发挥情况会对直播间的人气产生直接的影响。如果主播经验不足或状态不佳，则可能出现商品介绍缺乏吸引力、直播节奏掌控不当、无法及时回答用户问题、无法与用户形成有效互动等问题。如果以上某一方面存在问题，主播就需要及时调整状态，加强商品讲解能力、话术表达的训练，并做好直播脚本和话术的准备工作，以免在下一场直播中出现类似的情况。

（2）直播间场景布置不妥当。直播间环境不够美观、整洁，背景过于杂乱，也会影响直播人气。针对该问题，主播及其团队需要调整直播间的场景布置，将物料摆放整齐，搭建与主播个人形象相匹配的直播间场景。

（3）用户留存策略不当。用户留存策略也就是吸引用户停留在直播间的策略。对于大多数主播而言，常用的用户留存策略有抽奖、发券、发红包等。

例如，图6-46所示的直播账号就使用了抽奖的方式吸引用户停留于直播间。如果直播间在线人数少、在线人数不稳定，很有可能就是抽奖、发券、发红包的方式出现了问题，如没有反复告知用户直播间有抽奖、发券、发红包的活动，或者抽奖、发券、发红包的活动规则存在问题。针对这两个问题，主播应不断通过口播、公告、小黑板展示等多种组合方式实时说明抽奖、发券、发红包的活动规则和参与方式。另外，在设置抽奖、发券、发红包的活动规则时，可以采用"点赞人数达到××人就抽奖""直播间人数达到××人就发红包"等方式，来增加用户在直播间的停留时间。

图6-46 抽奖

经验之谈

在线人数不稳定还与粉丝占比（粉丝占观看用户的比例）有关，一般情况下，直播间粉丝占比越高，在线人数相对越稳定。因此，主播还可以采用以下方法提高直播间中的粉丝占比。

（1）固定直播时间。主播需保证直播的规律性，如固定星期一至星期五每天直播，或每隔一天直播一次，也要固定下每次直播的时间，如每天19:00或20:00开始直播，以培养粉丝观看直播的习惯。

（2）增加粉丝专属福利环节。主播可以在直播过程中增加只有粉丝才能购买或参与的优惠活动，以增强粉丝的黏性。

活动二 直播互动优化

直播互动优化的主要目标是解决直播间用户互动率低、气氛不活跃的问题。在直播过程中，主播与用户的互动渠道主要是弹幕。就直播销售而言，主播可以采用以下方法来引导用户发送弹幕，提升直播间互动率。

（1）设置带关键词的抽奖或发红包活动。为了引导用户发送弹幕，主播可以使用利益引导的方式，将抽奖或发红包活动的条件设置为发送指定关键词的弹幕，如"关注主播不迷路""××品牌大卖"等。例如，图6-47所示的主播就设置了让用户发送指定的关键词"1"的抽奖活动来引导用户发送弹幕，提升直播间用户的活跃度。

（2）提问或引入话题。提问或引入话题是很好地引发用户互动的方法。例如，主播可以在直播时询问"小伙伴们喜欢吃什么口味的饼干？""这款裙子非常适合小个子，直播间有没有小个子的姐妹？"，或者以最近发生的热点事件作为引入话题引导用户发送弹幕。

图6-47　发送指定关键词

👤 活动三　直播转化优化

直播转化优化需要解决直播间商品转化率低的问题。一般来说，直播间的商品转化率与商品选品、价格、引导下单话术等紧密相关。如果直播间的成交率持续走低，就说明直播带货效果不好，就需要针对问题进行优化。

（1）商品选品。如果直播间商品的成交数量少、转化率低，主播及其团队就应当考虑选择的商品是否符合用户需求，或商品品质是否有问题，进而优化直播间的商品配置。例如，图6-48所示为某直播的商品销售数据，在所有上架商品中，羊肚菌的销量为974件，远超其他商品，这在一定程度上说明这款商品对用户的吸引力较强，主播及其团队可以考虑在后续的直播中持续销售或推荐同类商品；去心白莲、黑木耳等干货的销量和转化率较低，主播及其团队需要考虑减少该类商品的推荐。

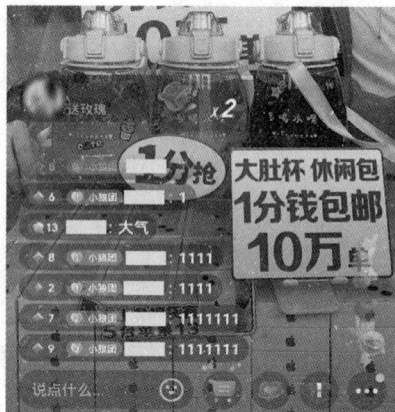

图6-48　某直播的商品销售数据

（2）价格。直播间商品的价格也可能会影响直播商品的转化率。一般来说，价格越低的商品，转化率可能越高，反之则越低。合理的定价策略配合主播巧妙的话术，能够更好地促进用户下单，起到良好的带货效果。商家在制定商品价格时，可以运用图6-49所示的策略。

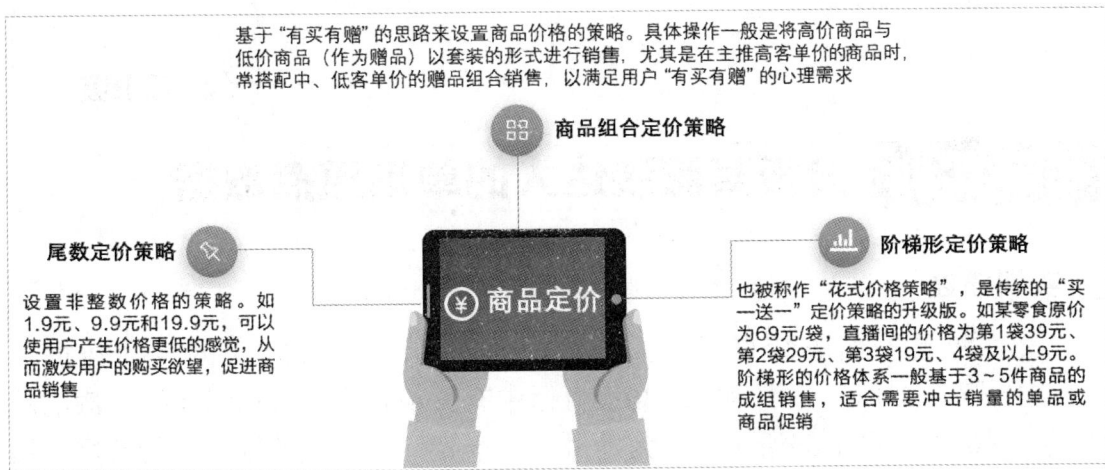

基于"有买有赠"的思路来设置商品价格的策略。具体操作一般是将高价商品与低价商品（作为赠品）以套装的形式进行销售，尤其是在主推高客单价的商品时，常搭配中、低客单价的赠品组合销售，以满足用户"有买有赠"的心理需求

商品组合定价策略

尾数定价策略

设置非整数价格的策略。如1.9元、9.9元和19.9元，可以使用户产生价格更低的感觉，从而激发用户的购买欲望，促进商品销售

¥ 商品定价

阶梯形定价策略

也被称作"花式价格策略"，是传统的"买一送一"定价策略的升级版。如某零食原价为69元/袋，直播间的价格为第1袋39元、第2袋29元、第3袋19元、4袋及以上9元。阶梯形的价格体系一般基于3~5件商品的成组销售，适合需要冲击销量的单品或商品促销

图6-49　商品定价策略

（3）引导下单话术。引导下单话术也是影响转化率的重要因素。如果直播间商品转化率低，主播还应当考虑引导下单话术是否不够有吸引力，争取设计更能促进转化的话术。

💡 知识窗

从团队协作情况出发优化直播

直播的过程是直播团队所有人员协作的过程，因此，直播人气、互动情况和商品转化等还可能受团队协作情况的影响。因此分析直播问题，还需要分析整个直播团队工作人员的工作是否执行到位。下面分别列举助理、场控、策划等工作人员在直播中容易出现的问题。

（1）助理。助理应在直播之前做好直播预热引流的工作，准备好直播道具，并在直播过程中与主播积极互动。直播复盘时，直播团队应分析助理是否存在道具准备错误、与主播互动不及时、声音不够洪亮等问题。

（2）场控。直播时，场控应做好商品上下架、价格及库存数量修改、优惠券发放、数据实时记录等工作。直播复盘时，直播团队应分析场控是否存在商品上下架操作失误、价格及库存数量修改错误、优惠券发放不及时、数据实时记录不到位等问题。

（3）策划。策划作为整场直播的"指挥官"，也是复盘的组织者，要时刻

关注直播目标的达成情况，直播间在线人数少时要加大引流力度、发放福利、增加互动等，对整场直播的稳定性和高效性负责。直播复盘时，直播团队应分析策划是否存在商品卖点提炼不充分、预估直播数据出现偏差、对直播突发状况未准备有效预案等问题。

知识窗

同步实训 | 分析某服装达人的单场直播数据

实训描述

吴梦婷是一名服装直播达人，图6-50所示为她近30天的直播数据，图6-51～图6-53所示分别为她近30天直播中有关观看人次、销量和销售额的趋势图，图6-54～图6-59所示分别为她最近一场直播的人气数据和带货数据，在线流量数据，粉丝团和涨粉数据，性别、年龄和地域分布数据，用户来源和转化漏斗数据，互动情况和弹幕热词数据。请同学们从用户画像、流量、用户互动和商品转化等方面分析其直播数据。

图6-50 近30天的直播数据

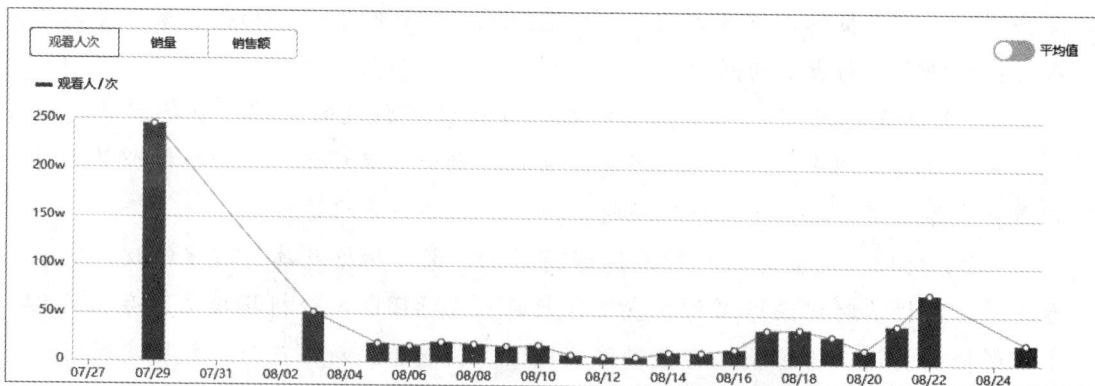

图6-51 近30天直播中有关观看人次的趋势图

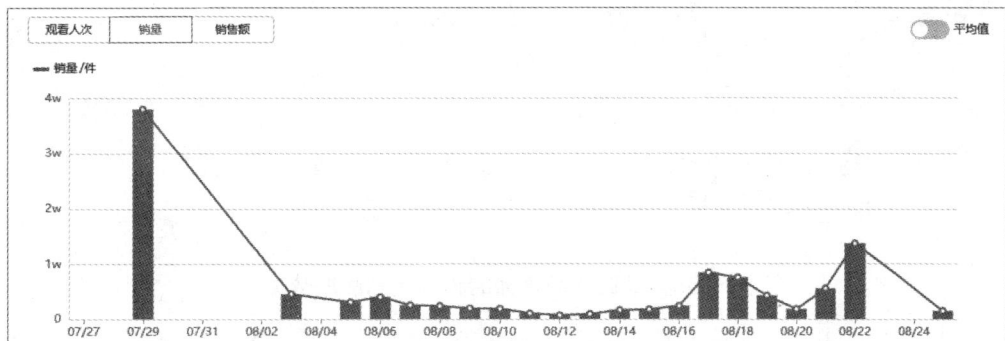

图6-52　近30天直播中有关销量的趋势图

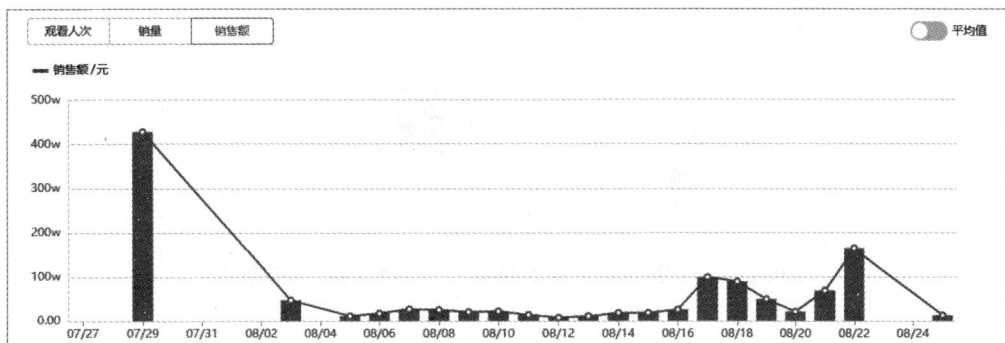

图6-53　近30天直播中有关销售额的趋势图

图6-54　最近一场直播的人气数据和带货数据

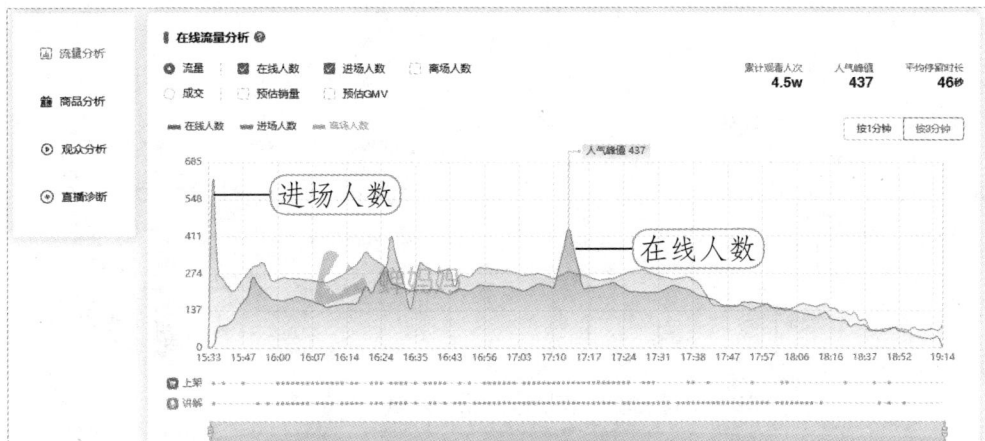

图6-55　最近一场直播的在线流量数据

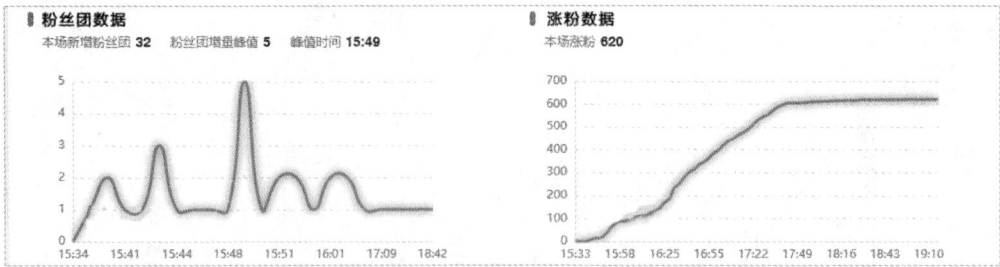

图6-56　最近一场直播的粉丝团和涨粉数据

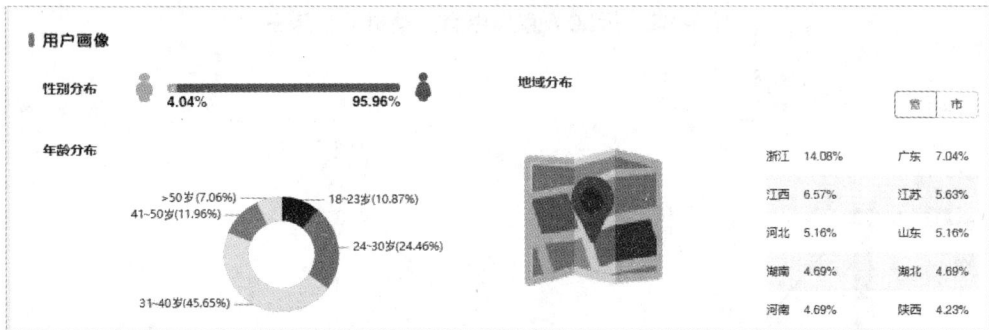

图6-57　最近一场直播的性别、年龄和地域分布数据

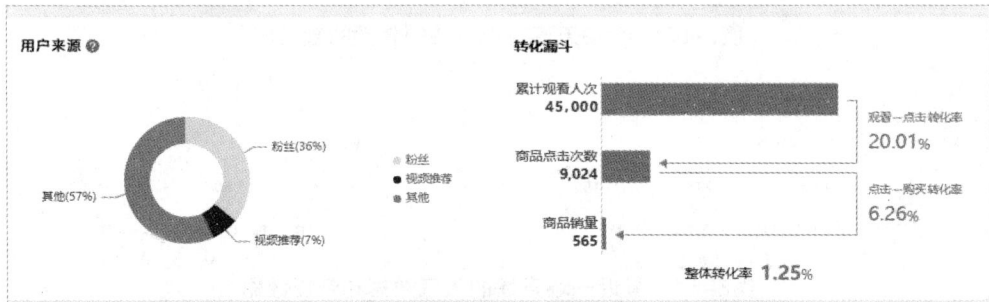

图6-58　最近一场直播的用户来源和转化漏斗数据

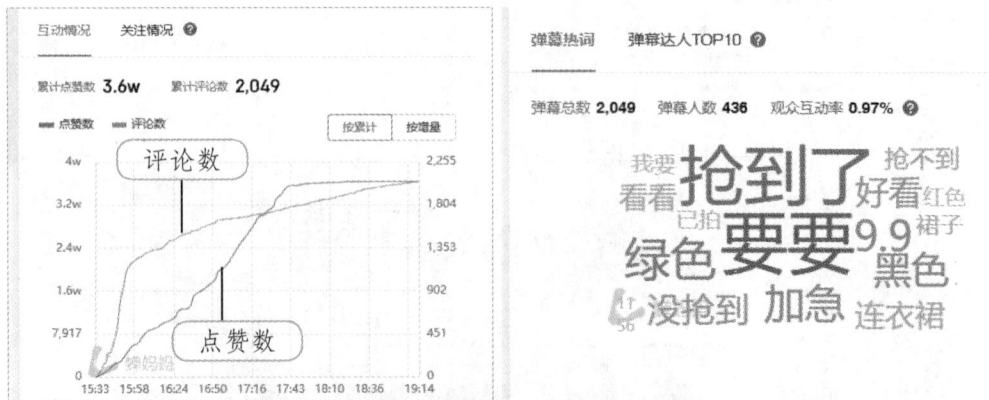

图6-59　最近一场直播的互动情况和弹幕热词数据

✖ 操作指南

下面从用户画像、流量、用户互动和商品转化等方面分析该服装直播达人的相关直播数据。

第一步 **分析用户画像数据**

图6-57显示，就性别分布而言，该直播的用户中，女性用户占据绝对的主导地位；就年龄分布而言，观看直播的用户的年龄多为24～40岁；就地域分布而言，观看直播的用户多分布在浙江、广东、江西、江苏等地。图6-58中的用户来源数据显示，观看直播的用户多来自"其他"和"粉丝"渠道。

第二步 **分析流量数据**

图6-50的直播数据显示，主播近30天开播37场，累计观看人次为708.1万，场均观看人次为19.1万。图6-51显示，近30天直播观看人次最高接近250万，说明该主播的人气较高。

图6-55显示，最近一场直播的累计观看人次达到了4.5万，人气峰值为437，但峰值出现在开播后2小时左右，且用户平均停留时长仅为46秒。图6-56显示，本场新增粉丝团为32人，峰值出现在开播后约15分钟，且涨粉620人。这说明主播本场直播的人气较高，开场暖场效果较好，并且直播前半段粉丝增长速度较快，但是存在用户停留时间短、在线人数不稳定的问题。

第三步 **分析互动数据**

图6-59中的互动情况数据显示，该场直播的累计点赞数达到了3.6万，累计评论数为2049，并且直播前半段点赞数上升很快，这说明主播在直播前半段引导点赞的方法可以在下一场直播中继续使用。

图6-59中的弹幕热词数据显示，该场直播发送弹幕有436人，用户互动率仅为0.97%，这说明主播在引导用户发送弹幕方面还存在不足，需要总结原因并提出解决方案。

第四步 **分析转化数据**

图6-50的直播数据显示，主播近30天上架了312款商品，直播总销售额为1190.9万元，说明其直播带货效果比较理想。但是，图6-52、图6-53显示，主播近30天直播的销量和销售额整体呈下降趋势。

图6-54中的带货数据和图6-58中的转化漏斗数据显示，本场直播上架了113款商品，销售额为2.1万元，观看—点击转化率达到了20.01%，点击—购买转化率为6.26%，但整体转化率仅为1.25%。这说明本场直播有较多用户在主播讲解商品后有购买意向，但是点击商品链接并了解商品后并没有购买商品。

导致这一现象的原因可能是商品本身吸引力不够和主播的引导下单话术存在不足。

💬 实训评价

同学们完成实训操作后，提交实训报告。实训报告包括用户画像、流量、用户互动和商品转化等的分析结论。老师根据实训报告，按表6-2所示内容进行打分、点评。

表6-2　实训评价

序号	评分内容	总分	老师打分	老师点评
1	能否看懂直播数据	20		
2	能否正确分析用户画像、流量、用户互动和商品转化等数据	60		
3	能否发现直播存在的问题	20		

最终得分：_____

项目总结

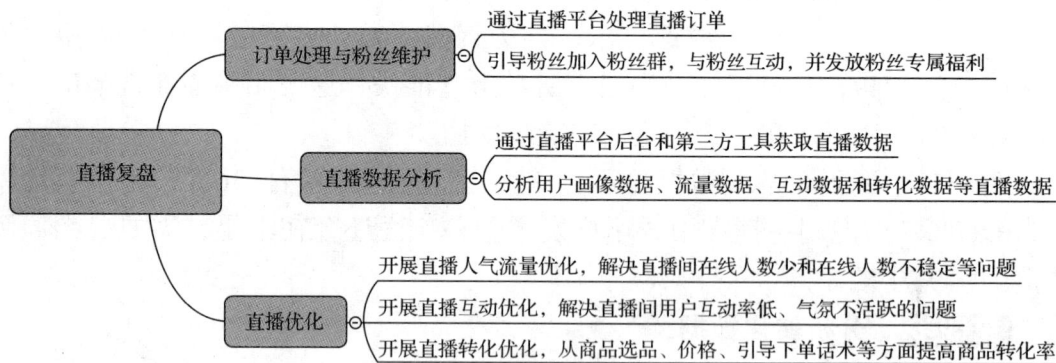